Michael Stegemann

MOZART
für die Westentasche

Zum Buch: Man kann natürlich die zahllosen großen und kleinen Biographien und Abhandlungen lesen, um alles über Mozart zu erfahren. Wer freilich dem Jahrtausendgenie schnell ganz nahe kommen möchte, für den bietet dieses Buch zum Mozart-Jahr eine wirkliche Alternative: Dem Alphabet folgend – von »Amadeus« bis zur *»Zauberflöte«* und zurück zum *»Ave verum«* – komprimiert Michael Stegemann Anekdoten und Legenden, Fakten und Werke, biographische Stationen und Zeitgenossen Mozarts »für die Westentasche«. Wie der Komponist selbst einmal über seine Klavierkonzerte geschrieben hat, möchte auch dieses Buch »eben das Mittelding zwischen zu schwer, und zu leicht« sein. Gespickt mit vielen Zitaten aus Mozarts Briefen – in ihrer herrlich abenteuerlichen Orthographie –, läßt sich in den 56 kurzen Kapiteln, die zum Hintereinander-weg-Lesen wie zum Blättern einladen sollen, viel Überraschendes entdecken. Zudem bietet Stegemann zahlreiche CD-Tips als Wegweiser durch den diskographischen »Mozart-Dschungel«.

Michael Stegemann, geboren 1956 in Osnabrück, Komponist, Musikpublizist, seit 2002 Professor für Musikwissenschaft an der Universität Dortmund. Autor von Hörspielen, zahllosen CD-Booklets, vielteiligen Sendereihen, schrieb Biographien über Vivaldi, Saint-Saëns, Ravel, Schubert und Glenn Gould.

Michael Stegemann

MOZART
für die Westentasche

Mit 12 Abbildungen

Piper
München Zürich

In derselben Reihe liegen vor:

Wissenschaft für die Westentasche
von John Gribbin

Mathematik für die Westentasche
von Albrecht Beutelspacher

Statistik für die Westentasche
von Walter Krämer

Physik für die Westentasche
von Harald Lesch und dem Quot-Team

Philosophie für die Westentasche
von Wilhelm Vossenkuhl

Einstein für die Westentasche
von Ernst Peter Fischer

Architektur für die Westentasche
von Stephan Braunfels

Für Christina und Klaus,
obwohl und weil …

ISBN-13: 978-3-492-04863-7
ISBN-10: 3-492-04863-3
2. Auflage 2006

Umschlaggestaltung: Büro Jorge Schmidt, München
Umschlagkonzeption: R. Eschlbeck, München
Umschlagabbildung: Eva Schöffmann-Davidov, Dachau
Gesamtherstellung: Kösel, Krugzell
Printed in Germany

www.piper.de

Inhalt

Als Vorbemerkung

Wolfgang Amadeus Mozart von A bis Z und wieder zurück – von »Amadeus« zur *»Zauberflöte«* und wieder zurück zum *»Ave verum«*. Zwei Buchstaben fehlen – X und Y –, andere sind dafür doppelt oder dreifach vertreten. Die 56 Kapitel dieses Buches, das gleichermaßen zum Hintereinanderweglesen wie zum Blättern einladen soll, liefern gerade so viel von und über Mozart, wie in einer Westentasche Platz finden mag: keine Biographie, kein Verzeichnis und keine musikwissenschaftliche Analyse seiner Werke, keine Diskographie – aber von all dem etwas, und vielleicht noch einiges mehr.

Im übrigen gilt für dieses Buch, was Mozart über seine Klavierkonzerte in einem seiner Briefe geschrieben hat (die immer wieder zitiert werden, und zwar in ihrer originalen, oft mehr als abenteuerlichen Orthographie …): Es möchte »eben das Mittelding zwischen zu schwer, und zu leicht« sein.

In vielen Kapiteln findet sich am Ende eine CD-Empfehlung – sozusagen die Lieblingsaufnahmen des Autors: ganz subjektiv und ebenso arbiträr wie die Auswahl der alphabetischen Stichworte. Auch wenn nicht alle Aufnahmen aktuell verfügbar sind, mögen sie dem Mozart-Freund als Wegweiser durch den »diskographischen Dschungel« dienen.

»Nun aber wäre es doch zeit zu schlüssen? – nicht wahr? – schon längst werden sie sich das denken.«

Genau.

Michael Stegemann
Steinfurt, im August 2005

Amadeus, Amadé, Gottlieb oder Theophil?

»Übrigens benachrichte [ich Sie], daß den 27 Januarii abends um 8 uhr die meinige mit einem Buben [...] glücklich entbunden worden«, berichtet Leopold Mozart am 9. Februar 1756 seinem Augsburger Verleger Johann Jakob Lotter; »der Bub heißt *Joannes Chrisostomos, Wolfgang, Gottlieb.*«

In den gut neun Jahren ihrer Ehe ist es das siebte und letzte Kind des 36jährigen Salzburger Musikers und seiner ein Jahr jüngeren Frau Maria Anna, doch von den sechs vorausgegangenen hat nur das vierte überlebt, die Tochter Maria Anna Walburga Ignatia (»Nannerl«), geboren am 30. Juli 1751. Die anderen fünf (Johann Leopold Joachim, Maria Anna Cordula, Maria Anna Nepomucena Walpurgis, Johannes Carolus Amadeus und Maria Crescentia Francisca) sind gestorben, bevor sie ein Jahr alt waren – nichts Ungewöhnliches in dieser Zeit. Im übrigen scheint Vater Leopold die Geburt eines weiteren Kindes eher als lästig empfunden zu haben: »Und das wissen sie auch, daß wann die Frau Wöchnerin ist, daß immer iemand kömmt der einem die Zeit wegstihlt. Dergleichen Historien nehmen Geld und Zeit weg.«

Das Taufbuch der Salzburger Dompfarre vermerkt am 28. Januar 1756 den Namen »Joannes Chrysost[omus] Wolfgangus Theophilus«: Johannes Chrysostomus (»Goldmund«) nach dem Heiligen des Geburtstags, Wolfgang nach dem Großvater mütterlicherseits, Theophil – die griechische Form des

Namens Gottlieb, dessen lateinische Version Amadeus lautet – nach dem Taufpaten Johann Gottlieb Pergmayr: einem Salzburger Kaufmann und Freund der Mozarts, der schon bei ihrem zweiten Kind Pate gestanden hatte.

Auch wenn die Titelblätter der ersten vier gedruckten Opera den Vornamen des Komponisten mit »J[ohann] G[ottlieb] Wolfgang« angeben, hat Mozart selbst den Namen Johann (Chrysostomus) so gut wie nie verwendet – ebensowenig wie seinen Firmnamen Sigismund[us]. Seinen ersten erhaltenen Brief unterschreibt er 1769 mit »Wolfgang Mozart«, seit seiner ersten Italienreise (1770) signiert er Werke und Briefe mit »Wolfgango Amadeo«, nach 1777 fast immer mit »Wolfgang Amadé«.

Sein Rufname im Familien- und Freundeskreis war Wolfgang. In seinen Briefen freilich scheint sein Name für Mozart vor allem in den siebziger Jahren eine Art »Thema« gewesen zu sein, über das sich trefflich variieren ließ: An die Schwester zum Beispiel schreibt »der nehmliche hanswurst, Wolfgang in Teütschland Amadeo in italien De Mozartini«, »der bruder hans« oder »gnagflow Trazom«; einer der Briefe an die Cousine Maria Thekla – das »Bäsle« – ist unterschrieben »allzeit der alte junge Sauschwanz Wolfgang Amadé Rosenkranz«; dem Salzburger Abbé Joseph Bullinger präsentiert er sich als »Wolfgang *Romatz*«.

Nur die Briefe an den Vater unterschreibt Mozart fast immer mit »dero gehorsamster Sohn Wolfgang Amadé«.

Akademien

Zu Mozarts Zeit spielte sich das öffentliche Konzertleben vor allem in Form sogenannter »Akademien« ab, die ein Musiker »zu seinem eigenen Vorteil« veranstaltete. Dafür mußte der Konzertgeber zunächst einmal einen geeigneten Raum anmieten; das konnte in Wien zum Beispiel das Kärntnertor- oder das Burgtheater sein, oft aber war es bloß der Hinterraum eines Gasthofs oder eine Lokalität wie der Saal im städtischen Kasino auf der Mehlgrube, wo der Komponist Philipp Jakob Martin »für die Herren Abonenten und für die, so sich noch zu aboniren gedenken, einen grossen Kreis, mit Sesseln versehen, geschlossen, und anbey alle erdenklichen Anstalten zu deren Bequemlichkeit getroffen« hatte und »man nun, um billige Preise, alle Sonntage das Vergnügen haben kann, manche Virtuosen beyderley Geschlechts dabey zu bewundern, und sich auf das angenehmste in der schönsten Gesellschaft zu unterhalten«, wie es 1782 in Annoncen der *Wiener Zeitung* heißt. Dann versicherte sich der Konzertgeber der Mitwirkung anderer, natürlich möglichst prominenter Musiker, schrieb die geplante Akademie zur Subskription aus und konnte nur hoffen, daß genügend Publikum erschien, um das Unternehmen am Ende mit einem ordentlichen Gewinn abzuschließen.

Als sich Mozart im Juni 1782 als einer der ersten »freischaffenden« Komponisten der Musikgeschichte endgültig in Wien niederließ, stellten Akademien für ihn eine der wichtigsten Einnahmequellen dar.

Die erste veranstaltete er am 23. März 1783 in Anwesenheit Kaiser Josephs II. im Burgtheater, wo unter anderem die *Posthorn-Serenade* und die *Haffner-Sinfonie* (KV 320 & 384) gegeben wurden; Mozart selbst spielte zwei Klavierkonzerte (D-Dur KV 175 und C-Dur KV 415) und improvisierte Variationen über Themen von Christoph Willibald Gluck und Giovanni Paisiello. »Das ganze Publicum ertheilten denselben so einstimmig Beyfall, daß man hier kein Beyspiel davon weiß«, berichtet Carl Friedrich Cramers *Magazin der Musik.* »Die Einnahme der Academie wird im ganzen auf 1600 Gulden geschätzt« – knapp das Vierfache des Jahresgehalts, das Mozart zuletzt in Salzburg verdient hatte!

Immerhin 1000 Gulden brachten die drei Akademien ein, die Mozart im März 1784 im Trattnerhof gab: »der Saal war angesteckt voll. [...] und wo man hinkommt hört man diese academie loben.« Wobei doch immer wieder etwas schiefgehen konnte: »Morgen hätte meine erste academie im theater seyn sollen – fürst Louis Lichtenstein giebt aber bey sich opera – entführt mir nicht allein den kern der Nobleße, sondern debauchirt [stiehlt] mir auch die Besten leute aus dem Orchestre.« Dennoch dürften sich Mozarts Einnahmen aus Konzertakademien zwischen 1782 und 1791 auf durchschnittlich 2000 Gulden pro Jahr belaufen haben.

»Posthorn-Serenade« D-Dur KV 320 (George Szell: Cleveland Orchestra – CD Sony BMG 48266)

Bologna, Mailand, Rom, Venedig

Daß Mozart nicht allein in seinen Opern, sondern seinem ganzen Wesen nach ein »italienischer« Komponist war, läßt sich vor allem auf seine ersten beiden Italienreisen zurückführen, deren wichtigste Stationen Verona, Mailand, Bologna, Florenz, Rom, Neapel und Venedig waren. Fünfzehneinhalb Monate waren Vater und Sohn Mozart unterwegs, vom 13. Dezember 1769 bis zum 28. März 1771, dann noch einmal vier Monate, vom 13. August bis zum 15. Dezember 1771 – eine Tour de force, zumeist mit Postkutschen und Mietdroschken, über deren Strapazen Leopold regelmäßig seiner Frau Bericht erstattete, die mit Mozarts Schwester in Salzburg zurückgeblieben war: »Weil wir nun in diesen 27 St: unserer Reise nur 2 Stund geschlafen, und nichts als 4 gebrathne Kalte Händl im Wagen mit einem Stück Brod verzehrt, so kannst du dir unsern Hunger, durst und schlaf leicht vorstellen.«

Dennoch hat der junge Mozart die beiden Reisen bestens überstanden: In fast jedem seiner Briefe nach Hause findet sich die Formel »ich bin gesund gott lob und danck«. Der 14jährige steckt mitten in der Pubertät, nimmt gierig die neuen Eindrücke auf, die sich ihm beinahe täglich bieten, und genießt das Ganze wie ein Abenteuer: »ich hab keinen lust mehr auf salzburg, ich förchte, ich möchte auch närrisch werden.«

Mozart komponiert wie ein Besessener: »Dein bruder wolfgang Mozart dessen finger von schreibe

Müdhe Müdhe Müedes müde sind«, unterschreibt er einen der Briefe an Nannerl. Und Erfolg reiht sich an Erfolg: Seine Konzerte werden bejubelt, Mailand erteilt ihm Scritture (Kompositionsaufträge) für die Opern *Mitridate re di Ponto* und *Ascanio in Alba* (KV 87 & 111), in Bologna wird er in die berühmte »Accademia Filarmonica« aufgenommen, in Rom ernennt ihn Papst Clemens XIV. zum Ritter vom Goldenen Sporn. Wichtiger aber noch als diese Auszeichnungen sind Mozarts Begegnungen mit Komponisten wie Nicola Piccinni, Giovanni Battista Sammartini, Niccolò Jommelli, Giovanni Paisiello und dem Padre Giovanni Battista Martini, dem bedeutendsten Musiktheoretiker der Zeit. Durch sie offenbart sich ihm ein gänzlich neuer Stil, der fortan jedes seiner Werke prägen wird – nicht allein die rund dreißig Partituren, die auf diesen beiden Reisen entstehen, darunter das erste Streichquartett (G-Dur KV 80), zehn Konzertarien, sieben Sinfonien und mehrere kontrapunktische Vokalwerke. Mozarts Italianità zeigt sich in der Verknüpfung einer ausgeprägt kantablen Melodik mit allen satztechnischen Raffinessen, in seinem spielerisch-souveränen Umgang mit den klassischen Instrumentalgattungen und -formen, in seinem tiefen Sprachverständnis, das den vertonten Texten der Opern und Arien eine einzigartige musikalische Tiefe verleiht.

- *Mitridate re di Ponto* KV 87 (Christophe Rousset: Les Talens lyriques, Giuseppe Sabbatini, Natalie Dessay, Cecilia Bartoli, Brian Asawa, Sandrine Piau, Juan Diego Flórez, Hélène Le Corre – 3 CD Decca 460 772-2)

Colloredo, Fürsterzbischof

Am 14. März 1772 wurde der Fürstbischof von Gurk, der 39jährige Hieronymus Joseph Franz de Paula Graf von Colloredo-Waldsee, nach fünf Wahltagen mit 13 Abstimmungen zum Fürsterzbischof von Salzburg gewählt. Nach dem Schlendrian, der unter seinem Vorgänger Sigismund Graf von Schrattenbach 18 Jahre lang geherrscht hatte, begegnete das Volk seinem neuen Herrn mit Mißtrauen und Abneigung; Colloredo war ein aufgeklärter Anhänger der Reformen Kaiser Josephs II. – in seinem Kabinett hingen Porträts Jean-Jacques Rousseaus und Voltaires –, die er nun mit strenger Hand auch in seinem Erzbistum umzusetzen versuchte. Seine Hofhaltung war schlicht, pedantisch und rigid, sein Kunstsinn hielt sich wohl eher in Grenzen – was seine Hofkapelle ebenso zu spüren bekam wie die Salzburger Kirchenmusik, deren Umfang und Bedeutung er im Zuge einer »Abstellung des unnötigen kirchlichen Aufwands« radikal beschnitt. Von seinen Untergebenen verlangte er absolute Zuverlässigkeit und Fügsamkeit, für Eigensinn oder gar Ungehorsam hatte er keinerlei Verständnis. Es war also nur eine Frage der Zeit, bis er mit den Mozarts aneinandergeriet.

Dabei ließ sich alles zunächst gut an: Zu den Feierlichkeiten seiner Inthronisation komponierte Mozart die »azione teatrale« *Il sogno di Scipione* (KV 126), am 9. August 1772 ernannte ihn das Hochfürstliche Hofzahlamt mit einem Jahresgehalt von 150 Gulden zum »Concertmeister« der Hofkapelle. Aber schon am 24. Oktober traten Leopold und Wolfgang ihre dritte Italienreise an, die sich deutlich länger hinzog als geplant und von Colloredo bewilligt. Und je öfter und länger die Mozarts in den nächsten Jahren den Salzburger Dienst »schwänzten«, desto größer wurde – durchaus verständlich – der Unmut ihres Dienstherrn. Die Situation spitzte sich immer mehr zu, bis Mozart wieder einmal einen vom Fürsterzbischof befohlenen Heimreisetermin nicht einhielt und es am 9. Mai 1781 in Wien zum Eklat kam: Colloredo »nennte mich einen buben, [...] ich seye der liederlichste bursch den er kenne – kein mensch bediene ihn so schlecht wie ich – [...] hiesse mich einen lumpen, lausbub, einen fexen – [...] dort ist die tühr, schau er, ich will mit einem solchen elenden buben nichts mehr zu thun haben – endlich sagte ich – und ich mit ihnen auch nichts mehr – also geh er – *und ich*: im weg gehen – es soll auch dabey bleiben; morgen werden sie es schriftlich bekommen.« Als Mozart dann dem Kammerherrn Karl Graf Arco – dem Oberstküchenmeister Colloredos – tatsächlich sein Abschiedsgesuch überreichte, »da schmeist er mich zur thüre hinaus, und giebt mir einen tritt im hintern. – Nun, das heisst auf teutsch, daß Salzburg nicht mehr für mich ist; ausgenommen mit guter gelegenheit dem H. grafen wieder ingleichen einen tritt im arsch zu geben, und sollte es auf öfentlicher gasse geschehen.«

Dennoch ist das Bild Colloredos als »untiehr«, das fast alle Mozart-Biographen übernommen haben, ungerecht: Selbst wenn er für Mozarts Genie mehr Verständnis aufgebracht hätte, wäre diesem Salzburg doch auf die Dauer ohnehin zu eng geworden.

Don Giovanni

Il dissoluto punito ossia il Don Giovanni, Dramma giocoso in zwei Akten: Die mittlere der drei Opern auf Libretti von Lorenzo Da Ponte, komponiert im Sommer und Herbst 1787, uraufgeführt am 29. Oktober 1787 in Prag, in einer überarbeiteten Fassung erstaufgeführt am Wiener Burgtheater am 7. Mai 1788.

Der mehrfach zuvor – unter anderem von Alessandro Melani, Christoph Willibald Gluck, Vincenzo Righini und Giuseppe Gazzaniga – vertonte Stoff geht zurück auf das Schauspiel *El burlador de Sevilla* (um 1624) von Tirso de Molina: der ewige Verführer Don Giovanni (Don Juan) – gleichermaßen Schürzenjäger und Gejagter seiner triebhaften Sinnlichkeit –, der für seine Untaten als »bestrafter Wüstling« zur Hölle fährt. Den Rahmen der Handlung setzt der Komtur, den Don Giovanni in der ersten Szene im Zweikampf tötet und dessen Statue ihn am Ende als »Steinerner Gast« seinem Untergang zuführt.

Ihrem Titelhelden haben Da Ponte und Mozart nur zwei ganz kurze Arien zugestanden: die (fälschlich so genannte) »Champagner-Arie« »Fin ch'han dal vino« (I/15) und die Serenade »Deh vieni alla finestra« (II/3). Don Giovanni lebt nur im Spiegel der anderen Protagonisten, so wie diese nur durch ihn zu leben scheinen: Die von ihm verlassene Donna Elvira, die ihm wider besseres Wissen immer wieder verfällt; der Diener Leporello, der Elvira in seiner »Registerarie« »Madamina, il catalogo è questo« (I/5) die endlose Liste der Liebschaften seines Herrn vorhält; Donna Anna, die Giovanni in der ersten Szene zu vergewaltigen versucht; ihr Verlobter Don Ottavio, der lange braucht, bis er in dem Edelmann den schändlichen Verbrecher erkennt; das Bauernmädchen Zerlina, das Giovanni während ihrer Hochzeit zu verführen versucht (»Là ci darem la mano« [I/9]); ihr Bräutigam Masetto, der hilflos mit ansehen muß, daß sich seine Zerlina nur mäßig gegen die Avancen des Kavaliers sträubt. Am Ende – im moralisierenden Schlußsextett (II/16), das Mozart für die Wiener Premiere möglicherweise gestrichen hat – triumphieren sie zwar: »Questo è il fin di chi fa mal!« (»So endet der, der Böses tut!«) Doch nichts ist mehr, wie es war – das obligate Opern-Happy-End des Lieto fine ist brüchig und trügerisch.

Die nachtschwarze und abgrundtiefe Musik (mit ihrer Haupttonart d-Moll), die Mozart zum *Don Giovanni* komponiert hat, sprengt alle bis dahin bekannten Dimensionen der Operngeschichte, »wobei der dämonische Geist seines Genies ihn in der Gewalt hatte, so daß er ausführen mußte, was jener gebot« (Johann Wolfgang von Goethe). Es ist wirklich »die Oper aller Opern«, als die E. T. A. Hoffmann den *Don Giovanni* gerühmt hat.

Don Giovanni KV 527 (Josef Krips: Wiener Philharmoniker, Wiener Staatsopernchor, Cesare Siepi, Suzanne Danco, Anton Dermota, Lisa della Casa, Fernando Corena, Hilde Güden, Walter Berry, Kurt Böhme – 3 CD Decca 466 389-2)

Ehe

Eigentlich war es ja ihre drei Jahre ältere, damals 15jährige Schwester Aloysia gewesen, in die sich Mozart Hals über Kopf verliebt hatte, als er 1777 in Mannheim die Bekanntschaft der Familie Weber machte. Aber Aloysia wollte nichts von ihm wissen. Als er vier Jahre später in Wien erneut mit den Webers zusammentraf und sogar bei ihnen logierte, wandte sich seine Neigung der jüngeren Konstanze zu, und dieses Mal wurde es ernst: »Mein bestreben ist unterdessen – [...] zu heyrathen!« schreibt er am 15. Dezember 1781 nach Salzburg. »Sie erschröcken vor diesen gedanken?« Und ob Leopold Mozart erschrak. Er hielt die »Weberischen« allesamt für Lumpen und ließ sich auch durch die vielen seitenlangen Briefe nicht umstimmen, in denen ihm Wolfgang die Vorzüge seiner Konstanze schilderte und die Ernsthaftigkeit seiner Gefühle darlegte. Mozart ging sogar so weit, »in meinem Herzen« die Komposition einer Messe (in c-Moll KV 427) zu versprechen, wenn die Heirat glücklich zustande käme. Als er sich dann am 4. August 1782 im Wiener Stephansdom tatsächlich mit Konstanze trauen ließ – er war 26, sie 20 Jahre alt –, wäre es fast zum Bruch mit dem Vater gekommen, der zeit seines Lebens argwöhnische Distanz zu seiner unwillkommenen und ungeliebten Schwiegertochter hielt.

»Es gibt wohl kein biographisches Mozart-Buch, das nicht offen und grob [...] über angebliche menschliche und charakterliche Mängel von Konstanze Mozart berichtet«, schreibt Volkmar Braunbehrens – und nimmt sie glaubwürdig gegen alle Kritik in Schutz: Sie war ihrem Mann durchaus liebevoll zugetan, dem sie in gut neun Ehejahren sechs Kinder schenkte, von denen allerdings nur zwei überlebten: der 1784 geborene Karl Thomas, der unverheiratet 1858 als Finanzbeamter starb, und der 1791 – vier Monate vor Mozarts Tod – geborene Franz Xaver Wolfgang, der später selbst als Komponist in Erscheinung trat und 1844 starb, gleichfalls unverheiratet.

Die Mozarts führten ein ausgesprochenes Bohemeleben: Zeiten des Erfolgs und Wohlstands wechselten mit anderen ab, in denen größte materielle Not und Unsicherheit herrschten – ein Auf und Ab, das sich nicht zuletzt in elf Umzügen widerspiegelt. Konstanze hat all das klaglos mitgemacht, und sie hat auch – Liebeleien und Flirts selbst nicht abgeneigt – Wolfgangs Affären hingenommen, zum Beispiel mit der Sängerin Nancy Storace. Und wenn sie auch nicht immer den genialen Höhenflügen seiner Musik zu folgen vermochte, besprach Mozart doch jedes neue Werk mit ihr und legte größten Wert auf ihr Urteil.

Nach Mozarts Tod kümmerte sich Konstanze nach bestem Wissen und Gewissen um seinen musikalischen Nachlaß, heiratete 1809 den dänischen Etatsrat Georg Nikolaus Nissen und ist 1842 80jährig in Salzburg gestorben.

Messe c-Moll KV 427 (Philippe Herreweghe: La Chapelle Royale, Orchestre des Champs-Élysées, Collegium Vocale, Christiane Oelze, Jennifer Larmore, Scot Weir, Peter Kooy – CD Harmonia Mundi HMC 901393)

Freimaurer

Unter den diversen Geheimbünden und -gesellschaften, die es im Wien des ausgehenden 18. Jahrhunderts gab, waren neben den Illuminaten, Obskuranten und Rosenkreuzern die Freimaurer die wichtigste und einflußreichste Vereinigung. Ihr Ziel, durch gelebte Toleranz, aktive Humanität und praktische Aufklärung an einer »Verbesserung des Menschengeschlechts« zu arbeiten, zog viele Intellektuelle, Wissenschaftler und Künstler unterschiedlichster politischer, gesellschaftlicher oder christlich-religiöser Ausrichtung in ihren Bann.

Als Mozart am 14. Dezember 1784 mit der Nummer 20 und im Grad eines Lehrlings in die Loge »Zur Wohlthätigkeit« aufgenommen wurde, gab es in der Stadt etwa 600 bis 800 Freimaurer. Wie eng Mozart mit diesem Kreis verbunden war, zeigt etwa die Tatsache, daß rund ein Viertel der Subskribenten seiner Trattnerhof-Akademien im März 1784 nachweislich Logenmitglieder waren. Die Loge »Zur Wohlthätigkeit« (die nach dem restriktiven Freimaurerpatent Kaiser Josephs II. mit zwei anderen Logen zusammengeschlossen und im Januar 1786 unter dem Namen »Zur neugekrönten Hoffnung« wiedereröffnet wurde) war mit 32 Mitgliedern relativ klein, aber auch die Präsenzprotokolle der größten Wiener Freimaurerloge »Zur wahren Eintracht« verzeichnen Mozart regelmäßig als »Besuchenden Bruder«. Hier wurde er auch am 7. Januar 1785 in den zweiten Grad eines Gesellen erhoben; kurz darauf erhielt er den Meistergrad und schlug seinerseits seinen Vater Leopold, der ihn damals in Wien besuchte, zur Aufnahme in die Loge vor.

Trotz einer Vielzahl von Werken, die Mozart für freimaurerische Anlässe komponiert hat – Lieder, Kantaten und Instrumentalwerke, darunter die grandiose *Maurerische Trauermusik* c-Moll (KV 477) –, wissen wir kaum etwas über seine eigentliche Logenarbeit. Das mag auch ein Grund für die wild wuchernden Spekulationen sein, die sich vor allem um die *Zauberflöte* ranken – bis hin zu der These, Mozart sei wegen des Verrats maurerischer Geheimnisse in diesem Werk umgebracht worden. (Daß *Der Fall »Zauberflöte«* tatsächlich wohl eher im Umfeld der Illuminaten angesiedelt ist, hat 2000 Helmut Perl in einer höchst interessanten Studie nachgewiesen.)

Vieles spricht jedenfalls dafür, daß Mozart nicht aus opportunistischen oder leichtfertigen Gründen Freimaurer geworden ist, sondern aus echter und tiefer Überzeugung. Auch nach den Verfolgungen und Anfeindungen, die der Orden nach Ausbruch der Französischen Revolution erlebte (die in konservativen Wiener Kreisen als »Freimaurer-Verschwörung« dargestellt wurde), hielt Mozart den Brüdern die Treue; ja, er scheint sogar zeitweise 1790 oder 1791 den Plan verfolgt zu haben, in freimaurerischem Geist einen eigenen Orden namens »Grotta« zu gründen.

Die Freimaurermusiken (Martin Haselböck: Wiener Akademie, Chorus Viennensis, Christoph Prégardien, Helmut Wildhaber, Gottfried Hornik, Peter Schneyder – CD Novalis 150 081-2)

Glasharmonika und »Orgelwerk in eine Uhr«

Eines der merkwürdigsten Instrumente, dem man in Mozarts Œuvre begegnet, ist die Glasharmonika, auch Glasorgel, Glasharfe, Kristallophon oder »Forte-Piano à cordes de verre« genannt: eine Reihe ineinandergeschobener, konzentrisch um eine Achse angeordneter Gläser verschiedener Größe und Tonhöhe, die mittels eines Fußpedals in Rotation versetzt und vom Spieler durch Berühren mit feuchten Fingern zum Klingen gebracht werden. Erfunden hatte das Instrument kein geringerer als Benjamin Franklin, und mit einem seiner Instrumente reiste in den 1760er und 1770er Jahren die Engländerin Marianne Davies durch Europa und machte das Instrument schnell populär. Mozart lernte es bereits 1764/65 in London kennen und fand es dann 1773 im Haus des Magnetiseurs Franz Anton Mesmer wieder, der mit seinem Silberklang den hypnotischen Trancezustand seiner Patienten unterstützte; »weist du das der H: v Messmer recht gut die Harmonica der Miß Devis spielt?« berichtet Leopold Mozart, »er ist der einzige der es in Wienn gelernt hat, und hat eine viel schönere Gläser Machine als die Miß Devis hatte. der Wolfg: hat auch schon darauf gespielt, wenn wir nur eine hätten.« Mozarts drei Originalwerke – eine fragmentarische *Fantasie* C-Dur (KV 616a), ein *Adagio und Rondo* c-Moll (KV 617) und ein *Adagio* C-Dur (KV 356) – schrieb Mozart im Frühjahr 1791 für die blinde Glasharmonikavirtuosin Marianna Kirchgäßner.

Glasharmonika aus der Zeit um 1770

Aus derselben Zeit stammen auch mehrere Kompositionen »für ein Orgelwerk in einer Uhr«, darunter ein großes *Adagio und Allegro* f-Moll (KV 594), eine *Fantasie* f-Moll (KV 608) und ein *Andante* F-Dur (KV 616); sie waren für eine mechanische Orgel gedacht, die in einem Wachsfiguren- und Raritätenkabinett aufgestellt war, und Mozart hielt nicht gerade große Stücke auf das »Instrument«: »ja, wenn es eine große Uhr wäre und das Ding wie eine Orgel lautete, da würde es mich freuen; so aber besteht das Werk aus lauter kleinen Pfeifchen, welche hoch und mir zu kindisch lauten.« Entsprechend unlustig machte er sich an die Arbeit: »ich schreibe alle Tage daran – muß aber immer aussetzen, weil es mich ennuirt.« Nichtsdestoweniger sind diese Kompositionen einzigartige Meisterwerke, die in der Regel als Orgelwerke oder für Klavier zu vier Händen aufgeführt werden.

Adagio und Rondo c-Moll KV 617 für Glasharmonika, Flöte, Oboe, Viola und Violoncello (Bruno Hoffmann, Aurèle Nicolet, Heinz Holliger, Karl Schouten, Jean Decroos – in 5 CD Philips 422 514-2)

Adagio und Allegro f-Moll KV 594 / *Fantasie* f-Moll KV 608 (Thomas Trotter, Orgel – CD Decca 443 451-2)

Haydn, Michael und Joseph

Der erste der beiden Brüder Haydn, die Mozart kennenlernte, war der jüngere: der 1737 geborene Johann Michael, der 1763 zum Salzburger »Hofmusicus und Konzertmeister« ernannt wurde und oft als Leopold Mozarts Stellvertreter amtierte, wenn dieser sich mit Wolfgang wieder einmal auf Reisen befand. So groß die Hochachtung und Bewunderung war, die Vater und Sohn Mozart für die Musikalität ihres Kollegen hegten, so sehr tadelten sie seinen Lebenswandel, insbesondere seine notorische Trunksucht: »*Haydn* wird sich in wenigen Jahren die wassersucht an Hals sauffen, oder wenigst, da er itzt zu allem zu faul ist, immer fäuler werden, so wie er älter wird.« Auch als Mozart im Sommer 1783 Salzburg besuchte, war Michael Haydn wieder einmal »unpäßlich« und kam einfach nicht voran mit dem Auftrag für einige Duos für Violine und Viola, den ihm Fürsterzbischof Colloredo erteilt hatte; kurzerhand sprang Mozart dem Freund zur Seite und komponierte an seiner Stelle die beiden *Duos* G-Dur und B-Dur (KV 423 & 424), so wie er einige Monate später in Linz eine Sinfonie Michael Haydns mit einer eigenen langsamen Einleitung (KV 444) ergänzte. Und noch im *Requiem* finden sich deutliche Spuren jener Totenmesse, die Michael Haydn 1773 für die Trauerfeier des Fürsterzbischofs Sigismund von Schrattenbach komponiert hatte.

Sehr viel bedeutsamer war freilich Mozarts Verbindung zu dem älteren Haydn, dem 1732 geborenen Franz Joseph, mit dem er in seinen Wiener Jahren engen Kontakt pflegte. Vor allem die Streichquartette Haydns haben Mozart schon früh tief beeindruckt und geprägt, auch wenn er deren Vorbild auf ganz eigene Weise verwandelt hat. Wie herzlich das Verhältnis war, zeigt nicht zuletzt Mozarts Widmung der sechs sogenannten Haydn-Quartette »Al mio caro Amico Haydn«: »Hier sind also, berühmter Mann und teuerster Freund, meine sechs Kinder – die Frucht einer langen und mühevollen Arbeit. [...] Möge es dir gefallen, sie gnädig aufzunehmen und ihnen Vater, Führer und Freund zu sein!« Als Mozart Haydn am 12. Februar 1785 drei dieser Quartette vorspielte – die anderen drei hatte er schon am 15. Januar gehört –, war auch Vater Leopold dabei, der stolz seiner Tochter nach Salzburg Bericht erstattete: »H: Haydn sagte mir: *ich sage ihnen vor gott, als ein ehrlicher Mann, ihr Sohn ist der größte Componist, den ich von Person und dem Nahmen nach kenne: er hat geschmack, und über das die größte Compositionswissenschaft.*«

Mozart mag es als herben Verlust empfunden haben, als Haydn am 15. Dezember 1790 einer Einladung des Konzertagenten Johann Peter Salomon folgte und nach London reiste; die beiden sollten sich nie wiedersehen, und Haydn war zutiefst erschüttert, als er von Mozarts Tod erfuhr: »Die Nachweld bekomt nicht in 100 Jahren wider ein solch Talent.«

»Haydn-Quartette« G-Dur KV 387, d-Moll KV 421, Es-Dur KV 428, B-Dur KV 458, A-Dur KV 464, C-Dur KV 465 (Emerson String Quartet – 3 CD Deutsche Grammophon 431 797-2)

Interpreten

Mozart ist das Schwerste, was es gibt – das wird einem jeder Musiker bestätigen. Unter dem dünnen Eis der relativ wenigen Noten, die dem bloßen spieltechnischen Anspruch nach oft kaum etwas hermachen, verbergen sich Abgründe. Der Eindruck der Selbstverständlichkeit und Leichtigkeit, den Mozarts Musik so oft ausstrahlt, ist trügerisch. Man braucht sich nur einmal die Durchführung im Kopfsatz des Klavierkonzerts B-Dur (KV 595) anzusehen, die in 50 Takten die unglaublichsten harmonischen Volten schlägt und dabei in immer schnellerer Folge in die entlegensten Tonarten moduliert – über h-Moll nach C-Dur, es-Moll, D-Dur, Fis-Dur, d-Moll und F-Dur –, und doch klingt das so, als könne es gar nicht anders sein!

Oberstes Gebot für Mozart ist schnörkellose Klarheit und Geradlinigkeit – ein schmaler Grat: Auf der einen Seite droht der Absturz ins plüschige, verniedlichende und verharmlosende Rokokoklischee, auf der anderen Seite erhebt sich drohend die Felswand des aufgedonnerten Pathos, das Mozart in die Nähe Ludwig van Beethovens rückt. Jede noch so minimale agogische Verzerrung, jede Übertreibung und jede Ungenauigkeit der Artikulation rächen sich sofort und fürchterlich.

Wenn man die Geschichte der Mozart-Interpretation Revue passieren läßt, soweit sie auf Schallplatten dokumentiert ist – angefangen von Charles Santleys im Juni 1903 entstandener Aufnahme des »Non più andrai« aus *Le nozze di Figaro* –, so zeichnen sich deutlich zwei Einschnitte ab. Den ersten markiert der »neue Mozart-Stil«, den der Dirigent Josef Krips nach dem Zweiten Weltkrieg in Wien und Salzburg begründete: schlank im Klang, federnd in den (durchweg relativ raschen) Tempi und ohne die bedeutungsschwangere Schwere, wie sie unter den Nationalsozialisten Mozarts Musik aufgepfropft worden war. Seine Studioproduktion des *Don Giovanni* (1955), in der sich dieser neue Mozart-Stil widerspiegelt, ist für mich bis heute unübertroffen. Den zweiten Einschnitt markiert die Eroberung Mozarts durch die »historische Aufführungspraxis«, für die Nikolaus Harnoncourt 1980 mit seiner Aufnahme des *Idomeneo* die Weichen gestellt hat: Das vibratoarme Singen und Spielen auf Originalinstrumenten und in alter Stimmung und die Ausrichtung an den Interpretationstraktaten des 18. Jahrhunderts haben das Klangbild der Musik Mozarts in den letzten 25 Jahren radikal verändert.

Die diskographischen Hinweise dieses Buches enthalten auch viele der Interpreten, die ich hier noch einmal aufzählen möchte, weil sie für mich dem Mozart-Ideal am nächsten kommen:

Die Dirigenten Philippe Herreweghe, Christopher Hogwood, René Jacobs, Erich Kleiber, Josef Krips und Bruno Walter. Die Pianisten Géza Anda, Clifford Curzon, Karl Engel, Walter Gieseking, Lili Kraus, Murray Perahia, Maria João Pires und Andreas Staier. Die Geiger Willi Boskovsky und Arthur Grumiaux. Das Quartetto Italiano und das Tálich-Quartett.

- *»Les Introuvables du Chant Mozartien«* – 50 Jahre Mozart-Gesang auf Schallplatte (4 CD EMI 7 63750 2)

Joseph II.

Der älteste Sohn Maria Theresias und Franz' I. war 23 Jahre alt, als er am 3. April 1764 zum deutschen Kaiser gekrönt wurde, aber erst nach dem Tod seiner Mutter (am 29. November 1780) konnte er die aufklärerische Reformpolitik in die Tat umsetzen, die als »Josephinismus« in die Geschichte eingegangen ist. Beschneidung der Stände- und Adelsprivilegien, Aufhebung der Klöster, ein »Toleranzpatent« der Glaubensfreiheit (und damit einhergehend eine weitere Entmachtung der katholischen Kirche), Lockerung der Zensurbestimmungen, grundlegende Justiz-, Steuer- und Schulreformen oder auch die Einführung eines wiederverwendbaren Klappsargs – im Großen wie im Kleinen erschütterte der »Josephinismus« das Habsburgerreich in seinen Grundfesten, kehrte das Unterste zuoberst und wurde in ganz Europa teils mit ängstlichem Staunen, teils mit zurückhaltender Bewunderung zur Kenntnis genommen. Sein Volk dagegen hat den Kaiser dafür von Herzen gehaßt.

Die erste Begegnung Mozarts mit Joseph – damals noch Erzherzog – hat vielleicht schon im Oktober 1762 bei jener legendären Audienz im Schloß Schönbrunn stattgefunden, über die Leopold berichtet: »der Wolferl ist der Kayserin auf die Schooß gesprungen, sie um den Halß bekommen, und rechtschaffen abgeküsst.« Ob bei dieser oder einer späteren Gelegenheit: Joseph, der ein großer Musikliebhaber war und – so ein Zeitzeuge – »endlos über Musik sprechen« konnte (»l'Empereur [...] parla infinement musique«), war von Mozart tief beeindruckt und hat ihn zeit seines Lebens protegiert und gefördert. Seiner ersten Komposition für den Kaiser war allerdings kein Glück beschieden: Eine Intrige verhinderte die Wiener Aufführung der dreiaktigen Opera buffa *La finta semplice* (KV 51), die der zwölfjährige Mozart 1768 auf Anregung Josephs II. komponiert hatte.

Der Umgang zwischen Mozart und Joseph II. scheint schon früh sehr herzlich und geradezu vertraut gewesen zu sein: »der kayser war sehr gnädig gegen mich, und hat vieles heimlich mit mir gesprochen.« *Die Entführung aus dem Serail*, mit der Mozart am 16. Juli 1782 seinen triumphalen Einstand in Wien gab, stand ebenso unter der Protektion Josephs II. wie vier Jahre später *Le nozze di Figaro*, deren Aufführung nur auf ausdrücklichen Befehl des Kaisers geschehen konnte. Zudem beehrte Joseph II. mehrere Akademien Mozarts mit seiner Anwesenheit und verlieh dabei deutlich seiner Begeisterung Ausdruck: »als dein Bruder [von der Bühne] weg gieng, machte ihm der kayser mit dem Hut in der Hand ein Compl: hinab und schrie *bravo Mozart.*« Die Ernennung zum »Kammermusikus« mit einem Jahresgehalt von 800 Gulden – »in Ansehung seiner in der Musik besitzenden Kentniß und Fähigkeit, und sich hierdurch erworbenen Beifall« – war am 6. Dezember 1787 ein weiterer Beweis der Wertschätzung des Kaisers.

Joseph II. starb am 20. Februar 1790.

Sein Bruder, der ihm als Leopold II. auf dem Thron nachfolgte, hatte wenig Sinn für Musik.

Kirchenmusik

Vier Oratorien, geistliche Singspiele und Kantaten, 16 Messen und ein *Requiem*, sieben Litaneien und Vespern, 23 kleinere Kirchenwerke, eine englische Motette, vier Kanons auf geistliche Texte, 17 Kirchensonaten.

Den bei weitem größten Teil seiner Kirchenmusik hat Mozart zwischen 1767 und 1780 im Dienst der Salzburger Fürsterzbischöfe Schrattenbach und Colloredo komponiert; in Wien entstanden nur noch die unvollständige Messe c-Moll (KV 427), die Mozart später zu der geistlichen Kantate *Davidde penitente* (KV 469) umgearbeitet hat, die Motette *»Ave verum corpus«* (KV 618) und das *Requiem*-Fragment.

Die Messen folgen durchweg dem Stil der sogenannten »Kantaten-Messe«, in dem Solo-, Ensemble- und Chorsätze einander abwechseln. Acht von ihnen (und zwei Fragmente, KV 115 & 116) sind *Missae breves* – bestimmt für den gewöhnlichen Sonntagsgottesdienst, für den Colloredo strikte Beschränkungen erlassen hatte: »Bei uns darf eine komplette Messe [...] – und sei sie noch so feierlich – nicht länger als eine Dreiviertel Stunde dauern, wenn der Fürst selbst sie zelebriert«, klagt Mozart 1776 in einem Brief an Padre Martini. Wie meisterhaft er freilich auch innerhalb dieser engen Grenzen zu komponieren vermochte, zeigt schon im Januar 1769 die *Missa brevis* d-Moll (KV 65).

Unter den der Besetzung und Dauer nach »großen« *Missae (solemnes)*, die für einen besonderen

Anlaß geschrieben wurden – etwa die Einweihung der Wiener Waisenhauskirche (KV 139) oder die Primiz des Familienfreunds Dominicus Hagenauer (KV 66) –, ist die sogenannte *»Krönungsmesse«* C-Dur (KV 317) wohl die bekannteste; Mozart soll sie für das gekrönte Gnadenbild der Maria am Plain komponiert haben. Auch die beiden großen *Litaniae de venerabili altaris sacramento* (KV 125 & 243), die *Litaniae Lauretanae* (KV 195), die *Vesperae de Dominica* (KV 321) und die *Vesperae solennes de confessore* (KV 339) waren für Salzburger Kirchenfeste bestimmt.

Auch Mozarts Kirchenstil ist durch und durch italienisch geprägt. Als exemplarisch kann das Offertorium *»Misericordias Domini«* d-Moll (KV 222) gelten – ein erstaunliches Werk, das notengetreu und in gleicher Tonart das »Freude, schöner Götterfunken«-Thema aus Ludwig van Beethovens Neunter vorwegnimmt; Mozart schickte es im September 1776 als Probe seines kontrapunktischen Könnens an Padre Martini, der das Stück in den höchsten Tönen lobte: »Ich sage in aller Aufrichtigkeit, daß es mir außergewöhnlich gut gefällt und daß ich darin alles wiederfinde, was die moderne Musik verlangt – gute Harmonie, reiche Modulation, mäßige Bewegung in den Violinen, natürliche und gute Stimmführung.«

Missa brevis d-Moll KV 65 (Herbert Kegel: Rundfunk-Sinfonieorchester und Rundfunkchor Leipzig, Helen Donath, Annette Markert, Uwe Heilmann, Andreas Schmidt – in 9 CD Philips 426 893-2)

Offertorium de tempore »Misericordias Domini« d-Moll KV 222 (Marcus Creed: Radio-Sinfonieorchester Berlin, RIAS-Kammerchor – in 2 CD Capriccio 49.167)

Klavierkonzerte

Die 27 dreisätzigen Konzerte für Klavier und Orchester und die beiden Konzertrondos in D-Dur und A-Dur (KV 382 & 386) bilden die persönlichste Werkgruppe in Mozarts Œuvre. »Sie sind die Krönung und der Gipfel seines instrumentalen Schaffens überhaupt«, eine ideale Synthese aus konzertanter und symphonischer Form, »eine Verschmelzung zu einer höheren Einheit, über die kein ›Fortschritt‹ möglich war, weil das Vollkommene eben vollkommen ist« (Alfred Einstein).

Die ersten vier Konzerte des Elfjährigen sind noch Handgelenksübungen – Bearbeitungen nach Sonatensätzen anderer Komponisten. Mit dem Konzert D-Dur (KV 175) beginnt Mozart vier Wochen vor seinem 18. Geburtstag die Reihe der großen Konzerte, denen bis zu seinem Weggang aus Salzburg fünf weitere folgen; zu ihnen gehört das sogenannte *»Jeunehomme-Konzert«* Es-Dur (KV 271) mit seinem überraschend frühen Soloeinsatz schon im zweiten Takt und einem Andante in c-Moll, das zu den ergreifendsten langsamen Sätzen gehört, die Mozart je geschrieben hat.

Was Mozart dem Vater über die ersten Konzerte schreibt, die er im Winter 1782/83 in Wien komponiert hat, gilt auch für alle weiteren: »die Concerten sind eben das Mittelding zwischen zu schwer, und zu leicht – sind sehr Brillant – angenehm in die ohren – Natürlich, ohne in das leere zu fallen – hie und da – können auch *kenner allein* satisfaction erhalten – doch so – daß die nichtkenner damit zufrieden seyn müssen, ohne zu wissen warum.« Auch wenn es schwerfällt, unter den Wiener Konzerten einzelne hervorzuheben: Den Konzerten d-Moll und c-Moll (KV 466 & 491) kommt schon aufgrund ihrer Tonart ein besonderes Gewicht zu. Das (auch als Filmmusik) populäre Andante des Konzerts C-Dur (KV 467) und das tiefgründige fis-Moll-Adagio des Konzerts A-Dur (KV 488) sind von seltener lyrischer Innigkeit. Einen fast beethovenschen Zuschnitt zeigen die Konzerte C-Dur (KV 503) und D-Dur (KV 537). Und schließlich das letzte Konzert B-Dur (KV 595), das Mozart im Januar 1791 komponiert hat und das in seinem Finalrondo das Lied *»Komm, lieber Mai, und mache die Bäume wieder grün«* (KV 596) verarbeitet.

Die meisten Konzerte hat Mozart für sich selbst geschrieben; das Konzert für drei Klaviere F-Dur (KV 242) dagegen entstand für eine Salzburger Mäzenin, die Gräfin Antonia Lodron, und ihre beiden Töchter Aloisia und Josepha.

Für ihre Zeit waren die Solopartien streckenweise durchaus virtuos – »Concerten, welche schwizen machen«, schreibt Mozart selbst einmal –, wobei er kein Freund überschneller Tempi war, wie sein Urteil über Georg Joseph Vogler beweist: »vor dem Tisch hat er mein Concrt [...] Prima vista – herabgehudelt. Das erste stuck gieng *Prestißimo* das Andante *allegro* und das Rondeau wahrlich *Prestißißimo.* [...] so ein Prima vista spiellen, und scheissen ist bey mir einerley.«

Konzerte für Klavier und Orchester Nr. 1–27
(Karl Engel, Mozarteum-Orchester Salzburg:
Leopold Hager – 10 CD Teldec Warner B0001ZA2I4)

Legenden

Die bekanntesten Legenden ranken sich um das *Requiem* und um Mozarts Tod, genau gesagt um seine angebliche Ermordung – sei es durch die Freimaurer oder Illuminaten (wegen Geheimnisverrats in der *Zauberflöte*), sei es durch den Hofbeamten Franz Hofdemel (aus Eifersucht, weil Mozart mit seiner Frau Maria Magdalena ein Verhältnis hatte), sei es durch Antonio Salieri (aus Neid). Der russische Dichter Alexander Puschkin war der erste, der 1831 diese letzte Variante in seinem (von Nikolai Rimski-Korsakow vertonten) Drama *Mozart i Saljeri* literarisch aufbereitete; es diente auch dem englischen Dramatiker Peter Shaffer als Vorlage für sein Erfolgsstück *Amadeus* (1979), das in der Verfilmung durch Miloš Forman (1984) weltberühmt wurde. Daß das Thema weiterhin die Gemüter erhitzt, hat unlängst (2004) das Buch *Mozarts Tod. Ein Rätsel wird gelöst* des Kölner Mathematikers und Mozart-Privatgelehrten Ludwig Köppen gezeigt, das den vielen Spekulationen eine weitere hinzufügt: Mozart sei Syphilitiker gewesen und habe von Baron Gottfried van Swieten versehentlich eine tödliche Medikamentendosis erhalten. Obgleich sich die Mordthese nicht mit letzter Sicherheit widerlegen läßt, ist Mozart höchstwahrscheinlich eines natürlichen Todes gestorben. Ob es sich bei dem erst Jahre später exhumierten Schädel, den das Salzburger Mozarteum aufbewahrt, tatsächlich um den Mozarts handelt, soll eine derzeit (2005) noch laufende DNA-Analyse klären.

Weitere Legenden kreisen um Mozarts angebliche Armut. Auch hier sei auf Volkmar Braunbehrens und sein Buch *Mozart in Wien* verwiesen, der die Einkünfte des Komponisten sorgfältig überprüft hat und dabei zu dem Schluß kommt, daß sie »überdurchschnittlich hoch im Vergleich zu fast allen Musikerkollegen« waren. Und nicht nur in Wien verdiente Mozart gut; allein für das erste seiner »Preußischen« Streichquartette (D-Dur KV 575) erhielt er von König Friedrich Wilhelm II. 100 Friedrichsd'or in einer goldenen Dose! Jedenfalls konnte er sich in seinen Wiener Jahren lange Zeit einen extrem hohen, fast luxuriösen Lebensstandard leisten – mit Personal, eigener Kutsche, eigenem Reitpferd und einer großzügigen Wohnung (mit eigenem Billardzimmer). Entsprechend üppig war auch die Möblierung; die »Sperr-Relation« des Nachlasses verzeichnet unter anderem vier Sofas, 18 Sessel, fünf Schränke, einen »Rollschreibkasten«, einen Manuskriptschrank, fünf Tische, zwei Bücherregale, vier Betten, ein Fortepiano und ein »grünn Tüchenes Pillard«. Auch in seiner Kleidung war Mozart alles andere als bescheiden: »Ich möchte alles haben was gut, ächt und schön ist!« gesteht er 1782 in einem Brief.

Das Problem war, daß Mozart keinerlei Rücklagen machte und das reichlich eingenommene Geld immer gleich mit vollen Händen ausgab, wenn er es nicht verspielte. Trotzdem, wirkliche Geldnot hat er wohl nie gelitten.

- Streichquartette D-Dur KV 499, D-Dur KV 575, B-Dur KV 589, F-Dur KV 590 (Quatuor Festetics – 2 CD Arcana A 403)

Mozart, Leopold und Maria Anna

Mozarts Vater Johann Georg Leopold – geboren am 14. November 1719 in Augsburg, gestorben am 28. Mai 1787 in Salzburg – war das älteste von neun Kindern eines Buchbinders. Er genoß einiges Ansehen als Komponist und galt vor allem als ausgezeichneter Geiger, als der er es in der Salzburger Hofkapelle vom vierten Violinisten (1743) bis zum stellvertretenden Kapellmeister (1763) brachte. Sein *Versuch einer gründlichen Violinschule*, die in Wolfgangs Geburtsjahr 1756 erschien, gilt bis heute als ein Standardwerk.

Leopold erkannte früh die musikalische Begabung seiner beiden Kinder und zeigte sich entschlossen, sie nach Kräften zu befördern; er wollte, wie er 1768 an einen Freund schreibt, »der Welt ein Wunder verkündigen, welches Gott in Salzburg hat lassen gebohren werden.« Daß er dabei auch daran dachte, wie sich aus diesem »Wunder« Kapital schlagen ließ, ist ihm oft vorgeworfen worden – ebenso wie die rigoros strenge Disziplin, mit der er die musikalische Ausbildung Nannerls und Wolfgangs betrieb. Andererseits darf man sich fragen, ob Mozart ohne diese Strenge zu dem geworden wäre, der er war.

Mozarts Verhältnis zum Vater war insgesamt wohl gut und herzlich, trotz der endlosen kritischen (und oft pedantischen) Ermahnungen, die einen Großteil von Leopolds Briefen einnehmen. Ein ernsthaftes Zerwürfnis, das sich nie wieder ganz richten ließ, entstand erst durch Wolfgangs Heirat mit Konstanze. Den Tod des Vaters kommentiert er in einem Brief an seine Schwester ziemlich formell und distanziert: »Du kanst dir leicht vorstellen wie Schmerzhaft mir die traurige Nachricht [...] war«; oder zeigt er seine wahren Gefühle in dem Gedicht, das er zwei Tage später seinem toten Star widmet: »Mir blut't das Herz, / Wenn ich daran gedenke. / O Leser! schenke / Auch du ein Thränchen ihm. / Er war nicht schlimm« ...?

Mozarts Mutter Maria Anna Walburga Pertl – getauft am 25. Dezember 1720 in Sankt Gilgen, gestorben am 3. Juli 1778 in Paris – war das früh verwaiste dritte und letzte Kind eines Präfekturbeamten. Wenn sie der Mozart-Biograph Alfred Einstein als »eine gute, beschränkte Frau« beschreibt, so stützt er sich dabei auf die Briefe und Aufzeichnungen der Mozart-Familie, die tatsächlich die einzige Quelle darstellen, aus der man etwas über sie erfährt. Man weiß weder, ob sie in irgendeiner Weise musikalisch war, noch gibt es Aussagen von ihr über die musikalische Erziehung ihrer Kinder oder über Wolfgangs Erfolge. Im Herbst 1777 begleitete sie ihn auf die Reise nach Paris, von der sie nicht mehr nach Salzburg zurückkehren sollte. Der Brief, den Mozart nach dem Tod der Mutter an den befreundeten Abbé Bullinger schreibt, ist jedenfalls das Zeugnis einer tiefen Liebe: »dies war der Trauerigste Tag in meinem leben – [...] meine Mutter, Meine liebe Mutter ist nicht mehr!« Musikalisch mag der Schmerz über den Verlust im Allegro-maestoso-Kopfsatz der Klaviersonate a-Moll (KV 310) seinen Widerhall gefunden haben, der (im geboten langsamen Tempo) fast wie ein Trauermarsch klingt.

München

Mozart war noch keine sechs Jahre alt, als der Vater mit ihm und Nannerl am 12. Januar 1762 erstmals nach München reiste, um seine Kinder dort dem bayrischen Kurfürsten Maximilian III. vorzuführen. Ein zweiter Besuch fand im Juni 1763 statt, ein dritter im November 1766: »Der Wolfgangl muste gleich neben dem Churfürsten ein Stück auf der Tafel componiren, davon ihm S:e Durchleucht den Anfang oder idea von ein paar Tacte vorsang, er muste es auch bey Höchstdenselben nach der Tafel im Cabinet Spielen. Wie erstaunt iederman war dieses zu sehen und zu hören, ist leicht zu erachten.«

Die guten Verbindungen nach München zahlten sich aus: 1774 erhielt Mozart den Kompositionsauftrag für die dreiaktige Opera buffa *La finta giardiniera* (KV 196), die am 13. Januar 1775 im Redoutenhaus in der Prannergasse uraufgeführt wurde »und so gut ausgefallen, daß ich der Mama den lärmen ohnmöglich beschreiben kan«. Auch andere Werke entstanden damals in oder für München, darunter die Klaviersonate D-Dur (KV 284) und die merkwürdige Sonate B-Dur für Fagott und Violoncello (KV 292) – beide für den Amateurfagottisten Thaddäus Freiherr von Dürnitz, für den Mozart bereits das Fagottkonzert B-Dur (KV 191) komponiert hatte.

Auf dem Weg nach Paris machte Mozart vom 24. September bis zum 11. Oktober 1777 wiederum Station in München, ebenso auf dem Rückweg (vom 25. Dezember 1778 bis zum 13. Januar 1779); bei dieser Gelegenheit überreichte er der Kurfürstin Maria Elisabeth den Pariser Erstdruck der sechs Sonaten für Klavier und Violine (KV 301–306), die ihr gewidmet sind. Auch der neue Kurfürst Karl Theodor von der Pfalz, der im Januar 1778 die Nachfolge Maximilians angetreten hatte, erkannte und schätzte Mozarts Kunst und erteilte ihm den Auftrag für eine neue Oper; am 29. Januar 1781 wurde am Hoftheater *Idomeneo* (KV 366) uraufgeführt, die erste der »großen« Opern Mozarts. Schon bei den ersten Proben waren alle, die das Werk hörten, begeistert gewesen – etwa der Oboist Friedrich Ramm: »*das kann ich ihnen wohl gestehen*, sagte er, *daß mir noch keine Musique solche impreßion gemacht hat.*« Außer der Oper komponierte Mozart mehrere Lieder und Konzertarien während dieses siebten Aufenthalts in München, bevor er am 12. März auf Weisung Fürsterzbischof Colloredos nach Salzburg zurückkehren mußte.

Ein letztes Mal besuchte er die Stadt vom 29. Oktober bis zum 6. November 1790, auf dem Rückweg von den Frankfurter Krönungsfeierlichkeiten für Kaiser Leopold II. Hier fand auch (im Kaisersaal der Residenz) Mozarts letzter Auftritt in München statt, in einer Hofakademie zu Ehren König Ferdinands I. von Neapel.

Die Hoffnungen auf eine feste Anstellung am Münchner Hof, auf die Leopold und Wolfgang so lange hingearbeitet hatten, erfüllten sich nicht.

Idomeneo KV 366 (Sir Charles Mackerras: Scottish Chamber Orchestra, Edinburgh Festival Chorus, Ian Bostridge, Lorraine Hunt Lieberson, Lisa Milne, Barbara Frittoli, Anthony Rolfe Johnson, Paul Charles Clarke, John Relyea – 3 CD EMI 5 57260 2)

Le nozze di Figaro

Opera buffa in vier Akten: die erste der drei Opern auf Libretti von Lorenzo Da Ponte, komponiert zwischen Oktober 1785 und dem 29. April 1786, uraufgeführt am 1. Mai 1786 am Wiener Burgtheater.

Schon die französische Vorlage – Pierre Augustin Caron de Beaumarchais' Komödie *La Folle journée ou Le Mariage de Figaro* – hatte wegen des hochbrisanten, revolutionären Sujets sechs Jahre gegen die königliche Zensur kämpfen müssen, bevor 1783 die erste Aufführung stattfinden konnte. Auch in Wien ließ Kaiser Joseph II. höchstselbst die für Februar 1785 geplante Erstaufführung verbieten, »da nun dieses Stück viel Anstößiges enthält«. Mozart wußte also, worauf er sich einließ, als er kurz darauf Da Ponte vorschlug, den *Figaro* in ein Opernlibretto umzuarbeiten. Da Ponte strich zwar einige der schärfsten, gesellschaftskritischsten Stellen, etwa den berühmten Monolog des Figaro im fünften Akt: »Glauben Sie, Herr Graf, weil Sie ein großer Herr sind, wären Sie auch ein großer Geist? Adel, Reichtum, Rang und Würden – was haben Sie denn geleistet, all das zu verdienen? Sie haben sich die Mühe gegeben, geboren zu werden, weiter nichts. Im übrigen sind Sie ein ganz gewöhnlicher Mensch.« Dennoch bedurfte es mehrerer Anläufe und der persönlichen Intervention Josephs II. (gegen die Einwände des Hoftheater-Intendanten Franz Xaver Wolf Fürst Orsini-Rosenberg), bevor *Le nozze di Figaro* aufgeführt werden durfte.

Mozart war sich der politischen Dimension des *Figaro* zweifellos bewußt. Der Brief, den er am 20. Juni 1781 an den Vater schreibt – nach dem Fußtritt Karl Graf Arcos, der seinen Salzburger Dienst so eklatant beendet hatte –, könnte geradewegs aus Beaumarchais' Komödie stammen: »und wenn ich schon kein graf bin, so habe ich vielleicht mehr Ehre im leib als mancher graf; und hausknecht oder graf, sobald er mich beschimpft, so ist er ein hundsfut.«

Mozart hat das rasante Verwirr- und Intrigenspiel um Figaro (den Kammerdiener des Grafen Almaviva) und Susanna (die Zofe der Gräfin), den liebestollen Pagen Cherubino und all die anderen Protagonisten so brillant in Musik gesetzt, daß sich die Gesellschaftskritik, die nicht allein zwischen den Text-, sondern auch zwischen den Notenzeilen hervorscheint, nie in den Vordergrund drängt. Die großen Finalszenen des zweiten, dritten und vierten Aktes und Arien wie Figaros »Non più andrai« (I/8), Cherubinos »Voi che sapete« (II/2), das »Dove sono i bei momenti« der Gräfin (III/8) oder die »Nadel-Arie« der Barbarina »L'ho perduta« (IV/1) gehören zu den großartigsten Momenten der Operngeschichte.

Seinen eigentlichen Triumph erlebte *Le nozze di Figaro* allerdings nicht in Wien, sondern Anfang Dezember 1786 bei der Premiere in Prag. Der Kompositionsauftrag für den *Don Giovanni* war die unmittelbare Folge dieses Erfolgs.

Le nozze di Figaro KV 492 (Erich Kleiber: Wiener Philharmoniker, Wiener Staatsopernchor, Cesare Siepi, Hilde Güden, Alfred Poell, Lisa della Casa, Suzanne Danco, Hilde Rössel-Majdan, Fernando Corena, Murray Dickie – 3 CD Decca 466 369-2)

Opern, Singspiele und Konzertarien

Mozarts musikdramatisches Œuvre umfaßt 17 vollständige Opern und Singspiele, von der lateinischen Schulkomödie *Apollo et Hyacinthus* (KV 38), die am 13. Mai 1767 an der Salzburger Universität uraufgeführt wurde, bis zur zweiaktigen Opera seria *La clemenza di Tito* (KV 621), deren Prager Premiere Mozart am 6. September 1791 dirigierte, drei Monate vor seinem Tod. Hinzu kommen die Fragmente *Zaide* (KV 344), *L'oca del Cairo* (KV 422) und *Lo sposo deluso* (KV 430), die Chöre und Zwischenaktmusiken zu dem heroischen Drama *Thamos, König in Egypten* (KV 345) und das Ballett *Les Petits riens* (KV 299c). Auch viele der rund 60 Konzert- und Einlagearien gehören in den Kontext der Bühnenwerke.

Das perfekte Gleichgewicht zwischen Kantabilität und Expressivität, die Glaubwürdigkeit der Affekte, die (bei aller Virtuosität) absolut stimmgerechte Vokalbehandlung, die souveräne musikalische Dramaturgie der Rezitative und das farbig-lebendige Orchester, das weit über die zeitübliche Rolle einer bloßen Begleitung hinausgeht: Von Anfang an erweist sich Mozart als der geborene Musikdramatiker.

Wieviel die Oper Mozart bedeutete, verraten seine Briefe zwischen *Il re pastore* (1775) und der *Entführung aus dem Serail* (1782). »Ich habe eine unaussprechliche begierde wieder einmahl eine opera zu schreiben.« Oder: »sie wissen mein gröstes anliegen – opern zu schreiben.« Andererseits vergehen in

Wien nach dem Erfolg der *Entführung* fast vier Jahre bis zu seiner nächsten Oper – dem *Figaro* –, weil Mozart partout kein geeignetes Libretto fand: »ich habe leicht 100 – Ja wohl mehr bücheln durchgesehen – allein – ich habe fast kein einziges gefunden mit welchem ich zufrieden seyn könnte.« Wobei es ihm wahrscheinlich egal gewesen wäre, ob er ein ernstes oder ein komisches Sujet vertont – auch wenn er genau zwischen den beiden Genres unterschied: »glauben sie denn ich werde eine Opera Comique auch so schreiben wie eine opera Seria? – so wenig tändelndes in einer opera seria seyn soll, und so viel gelehrtes und vernünftiges, so wenig gelehrtes muß in einer opera Buffa seyn, und um desto mehr tändelndes und lustiges.« Dabei stand er – anders als der Opernreformator Gluck – auf dem Standpunkt, daß »bey einer opera schlechterdings die Poesie der Musick gehorsame Tochter seyn muß«.

Fast alle großen Opern Mozarts seit *Idomeneo* gehören zum Kernrepertoire der internationalen Bühnen; allein die letzte, *La clemenza di Tito*, gilt als sperrig und spröde, als ein merkwürdiger Rückfall in das starre Schema der Opera seria, das er doch mit den drei Da-Ponte-Opern längst überwunden hatte. Man braucht freilich nur eine Arie wie die des Sesto »Parto, parto, ma tu ben mio« (I/3) mit ihrem herrlichen Klarinettensolo zu hören, um zu erkennen, daß auch *Tito* ein Meisterwerk sui generis ist.

La clemenza di Tito KV 621 (Christopher Hogwood: The Academy of Ancient Music Orchestra & Chorus, Uwe Heilmann, Cecilia Bartoli, Della Jones, Barbara Bonney, Diana Montague, Gilles Cachemaille – 2 CD L'Oiseau-Lyre 444 131-2)

Paris

Das gute halbe Jahr, das Mozart zwischen dem 23. März und dem 26. September 1778 in Paris verbrachte, war eine einzige große Enttäuschung. Von Mannheim kommend und mit den besten Empfehlungen ausgestattet, hatte er gehofft, im Umfeld des französischen Hofes eine Anstellung zu erhalten, doch trotz aller Bemühungen waren eine Handvoll Aufführungen in den renommierten »Concerts spirituels« das einzige, was er schließlich auf der Habenseite verbuchen konnte. Auch die Protektion des Barons Melchior von Grimm, der Mozart nach Kräften unterstützte, brachte ihn nicht weiter. Daß überdies in Paris auch noch seine Mutter starb und am 4. Juli auf dem Friedhof Saint-Eustache beigesetzt wurde, ließ den Aufenthalt vollends zur Katastrophe geraten.

Mozart sprach zwar leidlich Französisch, aber »die sprache hat der Teüfel gemacht«. Von Anfang an scheint er Paris und die Pariser gehaßt zu haben. »In Paris ist ein unbeschreiblicher dreck. in wagen zu fahren – hat man die Ehre gleich des tags 4 bis 5 livres zu verfahren, und *umsonst*, denn die leüte machen halt Complimenten und dann ists aus. bestellen mich auf den und den tag; da spiell ich, dan heists. O c'est un Prodige, c'est inconcevable, c'est étonnant, und hiemit addieu.« Schlechte Erfahrungen, wie er sie etwa mit dem Herzog von Guines machte, der ihn um das Honorar für das Konzert für Flöte und Harfe (KV 299) prellte, das Mozart für ihn und seine Tochter komponiert hatte, vertieften noch seine Abneigung. Auch über die Pariser Musikszene wußte er nur Schlechtes zu sagen: »daß die herrn franzosen [...] einseheten, daß ihre Musique schlecht seye [...] – Ey beleybe! – und das singen! – oimè! – wenn nur keine französin italienische arien singete, ich würde ihr ihre französische blerrerrey noch verzeyhen, aber gute Musick zu verderben! – das ist nicht auszustehen.« Überhaupt sei er »unter lauter vieher und bestien | was die Musique anbelangt |«.

Aber vielleicht lag es ja gerade an dieser negativen Grundhaltung, daß Mozart in Paris nichts erreichte ...? Interessant ist jedenfalls ein Brief Grimms an Leopold Mozart vom 27. Juli: Mozart sei »zu treuherzig, zuwenig unternehmend, zu leicht einzufangen, kümmere sich zuwenig um die Mittel, die zum Erfolg führen können. Um sich hier zu behaupten, muß man gerissen sein und die Dinge kühn und entschlossen anpacken. Ich wollte für sein Glück, er wäre halb so begabt und doppelt so intrigant.«

Dennoch war die kompositorische Ausbeute beachtlich: das erwähnte Doppelkonzert und die *Sinfonia concertante* Es-Dur für vier Bläser (KV 297B), das Ballett *Les Petits riens* (KV 299c), die *»Pariser« Sinfonie* D-Dur (KV 297) und eine zweite, verschollene Ouvertüre oder Sinfonie und dazu ein Flötenquartett, zwei Violinsonaten, vier Klaviersonaten – darunter die berühmte Sonate A-Dur (KV 331) mit dem »Türkischen Marsch« –, ein *Capriccio* und drei Variationszyklen für Klavier.

- Konzert für Flöte, Harfe und Orchester C-Dur KV 299 (Marcel Moÿse, Flöte; Lili Laskine, Harfe; Orchestre du Gramophone: Piero Coppola – CD Lys 307)

Porträts

Ob das kürzlich in Berlin aufgetauchte, heftig umstrittene Porträt von Johann Georg Edlinger tatsächlich Mozart darstellt, wird sich wohl nie restlos klären lassen. Aber auch ohne dieses Gemälde, das im November 1790 während Mozarts letztem Aufenthalt in München entstanden sein soll, besitzen wir genügend authentische Bildnisse des Komponisten.

Zwischen den frühesten Bildern des Sechsjährigen – einem Pietro Antonio Lorenzoni zugeschriebenen Ölgemälde und einem Aquarell von Louis Carrogis de Carmontelle, das Nannerl mit einem Notenblatt, Mozart am Cembalo und Vater Leopold mit einer Geige zeigt – und der im April 1789 in Berlin entstandenen Silberstiftzeichnung von Dorothea Stock gibt es wenigstens zwei Dutzend Mozart-Porträts, von denen allerdings mehr als die Hälfte unecht sein dürften. Zu unterscheiden sind dabei offizielle Gemälde (wie das 1770 in Verona entstandene Ölbild, das ihn als Ritter vom Goldenen Sporn zeigt) und private Porträts (wie das eindrucksvolle unvollendete Ölgemälde, das sein Schwager Joseph Lange im Winter 1782/83 von Mozart angefertigt hat).

Die Aussagen über Mozarts (offenbar eher unauffällige) äußere Erscheinung stimmen relativ überein. Seine Schwester beschreibt ihn als »klein, hager, bleich von Farbe, und ganz leer von aller Prätenzion in der Physiognomie und Körper«; er sei »ein recht Hübsches Kind« gewesen, »erst nachdem Blattern hatte er sich so verunstaltet, und noch mehr wie er

Mozart: Silberstiftzeichnung von Dorothea Stock, 1789

von Italien zurück gekommen, bekamm er die welsche gelbe Farbe, die ihn ganz unkenntlich machte.« Ähnlich sein Schüler Johann Nepomuk Hummel: »Er war klein von Gestalt, etwas blasser Gesichtsfarbe; [...] sein grosses blaues Auge strahlte hell.« Sulpiz Boisserée schildert ihn als »von Statur ein ganz kleiner Mann, sehr capriciös«, der Arzt Joseph Frank erinnert sich an »einen kleinen Mann mit dickem Kopf und fleischigen Händen«, während Konstanze seine Hände »so weich und schön geformt wie Frauenhände« beschrieb. Übereinstimmend sind auch die Hinweise auf Mozarts »kurzes Gesicht« – eine Kurzsichtigkeit mit einem leichten Silberblick, den der Sänger Michael O'Kelly als etwas »unstet und zerstreut« empfand; O'Kelly erwähnt auch »das dichte und feine Blondhaar, auf das er ziemlich stolz war«. Auffälligstes Merkmal dürfte seine große Nase gewesen sein; nach Aussage seines Biographen Georg Nikolaus Nissen soll sogar eine Zeitung ihn als »enorm benas'ten Mozart« apostrophiert haben. Im Dezember 1777 trug Mozart kurze Zeit einen Bart. Seine Stimmlage war Tenor.

Quartette

23 Streichquartette (und zehn Fragmente), drei als »Salzburger Sinfonien« bekannte Streichquartett-Divertimenti, zwei Klavierquartette (und ein fragmentarischer Satz), ein Oboenquartett, vier Flötenquartette.

Als Mozart am 15. März 1770 in Lodi »abends im wirtshaus« sein erstes Streichquartett G-Dur (KV 80) komponierte, war die »Königsdisziplin« der Kammermusik noch jung. Erst Anfang der 1750er Jahre hatten Joseph Haydn und vor allem Luigi Boccherini die spätbarocke Gattung der chorisch besetzten Sinfonia oder Sonata a quattro in eine neue, solistisch besetzte Form gebracht, wobei allerdings anfangs noch die satztechnische Tradition einer melodietragenden Oberstimme (der ersten und zweiten Violine) mit Baßbegleitung (der Viola und des Violoncellos) erhalten blieb. Für Mozart war das offenbar nur mäßig interessant und eher eine »Handgelenksübung«: »Der Wolfg: [...] schreibt eben für die lange Weile ein quatro«, berichtet Leopold Mozart 1772 aus Bozen, wo das erste der sechs Quartette (KV 155–160) entstand. Auch die nächsten sechs Quartette (KV 168–173), die Mozart im Jahr darauf in Wien komponierte, sind – bei allem musikalischen Ideenreichtum – noch eher konventionell. Dann aber stieß Mozart auf Haydns Quartettzyklen op. 17 und op. 20 – die sogenannten »Sonnenquartette« –, in denen sich ihm plötzlich eine ganz neue Musik offenbarte: ein durchbrochener Satz, der alle vier Stimmen gleichberechtigt behandelte. Wie sehr ihn diese Aufgabe faszinierte und beschäftigte, zeigen nicht zuletzt die fünf fragmentarischen Sätze, die rund um die nächsten sechs, Haydn gewidmeten, Quartette entstanden. In ihnen erreichte Mozart eine Meisterschaft, die sich auch in seinen letzten vier Werken für diese Besetzung bestätigte.

Neben den vier Flötenquartetten, die Mozart 1777/78 für einen holländischen Musikliebhaber namens »de Jean« (oder Deschamps) komponiert hat, und dem Quartett F-Dur für Oboe und Streicher (KV 370), das 1781 für den Münchner Oboisten Friedrich Ramm entstand, stehen die Klavierquartette g-Moll und Es-Dur (KV 478 & 493) als Solitäre ihrer Gattung da. Mozarts Biograph Georg Nikolaus Nissen berichtet, das im Juli 1785 komponierte Quartett g-Moll sei das erste von dreien gewesen, über die Mozart mit dem Verleger Franz Anton Hoffmeister einen Vertrag geschlossen hatte. Als aber dieses Werk kaum Käufer fand, sei Hoffmeister von dem Vertrag zurückgetreten und habe sogar »dem Meister den vorausbezahlten Teil des Honorars unter der Bedingung geschenkt, daß er die zwei anderen akkordierten Quartette nicht schrieb«. Ob wahr oder nicht – die beiden Werke sind wirklich von einem Ernst und einer Tiefe, die dem Wiener Publikum der Zeit denkbar fremd bleiben mußten.

- Klavierquartette g-Moll KV 478 und Es-Dur KV 493 (Clifford Curzon, Mitglieder des Amadeus-Quartetts – CD Decca 425 960-2)

Reisen

Von den knapp 36 Jahren seines Lebens hat Mozart rund zehn Jahre auf Reisen verbracht. Allein in den 19 Jahren zwischen 1762 und 1781 ist er insgesamt über neun Jahre unterwegs gewesen:

12. Januar – 3. Februar 1762: München
18. September 1762 – 5. Januar 1763: Wien
9. Juni 1763 – 29. November 1766: München, Augsburg, Koblenz, Bonn, Brüssel, Paris, London, Den Haag, Amsterdam, Lausanne, Zürich
11. September 1767 – 5. Januar 1769: Linz, Wien, Olmütz, Brünn
13. Dezember 1769 – 28. März 1771: Verona, Mailand, Bologna, Florenz, Rom, Neapel, Venedig
13. August – 15. Dezember 1771: Mailand
24. Oktober 1772 – 13. März 1773: Verona, Mailand
14. Juli – 26. September 1773: Verona, Mailand
6. Dezember 1774 – 6. März 1775: München
23. September 1777 – 15. Januar 1779: Augsburg, Mannheim, Paris, Straßburg, München
5. November 1780 – 12. März 1781: München

Alles in allem 111 Monate – sommers wie winters, bei Regen wie bei Schnee – in Postkutschen oder Mietdroschken, in Herbergen, Gasthäusern oder (bei längerem Aufenthalt an einem Ort) Mietwohnungen, von einem Konzert zum nächsten, immer getrieben von der Hoffnung auf eine Anstellung.

Ob Mozart diese Reisen als Lust oder als Last empfunden hat, weiß man nicht. In den ersten Jahren ist

Porträt von Fra Felice Cignaroli, 1770

er oft krank, ein-, zweimal sogar dem Tode nahe gewesen: Scharlach, Angina, Knotenrose, Blattern, Gelenkrheumatismus, Typhus, Pocken. Insgesamt aber scheint er eine so gute Konstitution gehabt zu haben, daß er die Strapazen unbeschadet überstand.

Nach seiner endgültigen Übersiedlung nach Wien im Sommer 1781 nehmen Frequenz und Dauer der Reisen deutlich ab; in den letzten zehn Jahren ist er nur noch zehn Monate unterwegs.

Ende Juli – 10. November 1783: Salzburg
8. Januar – 12. Februar 1787: Prag
1. Oktober – 16. November 1787: Prag
8. April – 4. Juni 1789: Prag, Dresden, Berlin
23. September – 10. November 1790: Frankfurt am Main
28. August – Mitte September 1791: Prag

Der Plan, im Dezember 1787 mit Konstanze für längere Zeit nach England zu gehen, scheiterte, weil sich Vater Leopold weigerte, für diese Zeit seinen Enkel Karl zu sich zu nehmen.

Sonaten

Mozarts Sonaten entstanden zumeist nicht für den Konzertgebrauch, sondern zum haus- oder kammermusikalischen Spiel im kleinen Kreis, beziehungsweise als Lehr- und Unterrichtsmaterial für seine Schülerinnen und Schüler: Es sind 19 Sonaten für Klavier solo, dazu drei einzelne Rondos, fünf Sonatensatz-Fragmente und vier frühe Sonaten aus dem Jahre 1766, von denen nur die Anfänge bekannt sind, sechs Sonaten (und vier Fragmente) für zwei Klaviere oder Klavier zu vier Händen sowie 34 Sonaten (und sieben Fragmente) für Klavier und Violine, wobei sechs frühe Sonaten (KV 10–15) auch mit Querflöte besetzt werden können.

Auf den ersten Blick scheinen Mozarts Sonaten – zumal, wenn man sie mit denen Ludwig van Beethovens vergleicht – relativ unspektakulär zu sein; »die Sonatenform der Zeit ist zu eng für die Expansion des Gefühls«, wie Alfred Einstein schreibt. Dennoch hat Mozart innerhalb dieser engen Form sowohl in den Klavier- als auch in den Violinsonaten die erstaunlichsten Experimente gewagt, so daß es – wie bei den Klavierkonzerten oder den Sinfonien – auch hier schwerfällt, einzelne Werke hervorzuheben.

Unter den Klaviersonaten erfreuen sich vor allem zwei einer fast allzu großen Popularität: die in Paris komponierte Sonate A-Dur (KV 331) mit ihrem Alla-turca-Finale (das übrigens nur der Mozart-Verächter Glenn Gould im angemessen langsamen

Allegretto-Tempo spielt!) und die sogenannte *»Sonata facile«* C-Dur (KV 545), die Mozart im Juni 1788 als »Eine kleine Klavier Sonate für anfänger« in sein Werkverzeichnis eingetragen hat. Geradezu monumental nimmt sich daneben die Sonate c-Moll (KV 457) aus, die 1784 für Mozarts Schülerin Maria Theresia von Trattner entstand und der er später noch eine große *Fantasie* c-Moll (KV 475) vorangestellt hat.

Auch unter den Violinsonaten finden sich einige bemerkenswerte Ausnahmen von den Regeln der Konvention, etwa die zweisätzige Sonate e-Moll (KV 304) oder die fragmentarische Sonate (KV 402), die aus einem langen Andante, ma un poco adagio in A-Dur und einer anschließenden a-Moll-Fuge besteht. Das gleiche hell-dunkle Schwanken zwischen Dur und Moll zeigt auch »eine Sonata mit accompagnement einer Violin [KV 379], für mich. – welche ich gestern Nachts von 11 uhr bis 12 Componirt habe – aber, damit ich fertig geworden bin, nur die accompagnementstimm für [den Geiger Antonio] Brunetti geschrieben habe, ich aber meine Parthie im kopf behalten habe«, um sie später aufzuschreiben. Überhaupt dürften viele der Sonaten aus einer Improvisation heraus entstanden und erst nachträglich zu Notenpapier gebracht worden sein, wobei wahrscheinlich die extemporierte Fassung sehr viel virtuoser war als die Niederschrift: »dan spiellte ich […] eine Prächtige sonata ex C major so aus dem kopf mit einem Rondeau auf die lezt. es war ein rechtes Getös und lerm.«

Die Sonaten für Violine und Klavier
(Willi Boskovsky, Lili Kraus – 6 CD EMI 7 63873 2)

Spielleidenschaft

Die Spielleidenschaft lag nicht nur Wolfgang im Blut, sondern allen Mitgliedern der Familie Mozart. Sie alle gehörten in Salzburg einer »Schützen-Compagnie« an, die sich regelmäßig traf. Wenn ein Familienmitglied verhindert war – etwa während Wolfgangs Reise mit seiner Mutter nach Mannheim und Paris –, ließ es sich vertreten. Und natürlich wurde um Geld gespielt, wenn auch um kleine Einsätze: »H: Bullinger [...] schoß auch für die Mamma [...], die Mamma hat also 11 x^r [Kreuzer] gewonnen, der Wolfg: hat aber 4 x^r verloren.« In den *Briefen und Aufzeichnungen* der Mozarts finden sich mehr als 60 Verweise auf dieses »Bölzlschießen« (auf Schießscheiben), das bisweilen ausführlicher und leidenschaftlicher kommentiert wird als musikalische Ereignisse.

Ähnlich häufig werden verschiedene Kartenspiele wie »Brandeln«, »Piquet«, »Schmieren«, »Tarock« oder »Tresette« erwähnt, mit denen sich die Mozarts vor allem auf Reisen die Zeit vertrieben. Wenn es allerdings mit anderen Spielern um Geld ging, machte zumindest Leopold einen Rückzieher, da er »auch gar keine Lust habe [...] 1 f [Gulden] 15 x^r zu verspielen, wo noch dabey oft grob disputiert wird«. Man darf annehmen, daß Mozart in seiner Wiener Zeit auch das (vor allem in höheren Kreisen beliebte) Kartenglücksspiel »Pharao« praktiziert hat.

Begeistert waren die Mozarts auch beim Kegelspiel: »lassen sie unterdessen die kugelstadt im garten herrichten«, bittet Mozart seinen Vater vor seinem Besuch in Salzburg, im Juli 1783, »denn meine frau ist eine sehr große liebhaberin davon.« Mehrere Zeugen berichten, daß Mozart »nicht immer bei einem und demselben Schreibpulte arbeitete, sondern [...] sogar beim Kegelspiel im Kreise seiner besten Freunde«. Daher rührt wohl auch die durchaus glaubwürdige Anekdote, daß er sein sogenanntes *»Kegelstatt-Trio«* Es-Dur (KV 498) für Klavier, Klarinette und Viola während einer Kegelpartie komponiert haben soll.

Und schließlich Mozarts größte Leidenschaft: das Billardspiel, und zwar das französische Carambolage mit drei Kugeln. »Wann ein berühmter Billardspieler in Wien ankam, hat's ihn mehr interessiert, als ein berühmter Musiker. [...] Er spielte hoch, ganze Nächte durch.« Auch wenn die Glaubwürdigkeit dieser Erinnerung Sulpiz Boisserrées von der Mozart-Forschung heftig angezweifelt wird, bestätigen doch viele andere Zeugnisse Mozarts Billardpassion – wobei er, ähnlich wie beim Kegeln, »beim Spielen komponierte«, wie Mary Novello später von Konstanze erfuhr. Im übrigen muß er ein guter Spieler gewesen sein, wenn Michael O'Kellys Bericht stimmt, er habe »gar manches Spiel mit ihm gemacht«, sei dabei »aber immer nur der Zweite« gewesen.

Ob und in welchem Maß Spielschulden für Mozarts oft so prekäre Geldnot verantwortlich waren, wird sich wohl nie klären lassen.

Trio Es-Dur für Klavier, Klarinette und Viola KV 498, *»Kegelstatt-Trio«* (Jean-Claude Pennetier, Klavier; Michel Portal, Klarinette; Bruno Pasquier, Viola – CD Harmonia Mundi HMC 901118)

Türkenmusiken

»Das Sujet ist türkisch«, schreibt Mozart am 1. August 1781 über die ersten Pläne zur *Entführung aus dem Serail* (KV 384) – und das allein dürfte einen gut Teil des erwarteten Erfolgs der Oper in Wien ausgemacht haben. Spätestens seit den beiden glücklich überstandenen Belagerungen der Stadt durch türkische Truppen (1529 und 1683) waren »türkische Sujets« à la mode, und Mozart wußte den Zeitgeschmack geschickt zu nutzen.

Dabei sind zwei Arten des musikalischen »alla turca« zu unterscheiden. Zum einen gab es die sogenannte »türkische Musik«, die aus einem spezifischen Instrumentarium bestand: »eine große türk: Trommel, Zinken, Triangel, 2 Kittarren, Pfeiffen etc: etc:«; auch Pikkoloflöten, Glöckchen oder Glockenspiel, Becken, Handpauken und ein »tamburo turchese« konnten hinzukommen, um den eigentümlichen Klang einer Janitscharenkapelle nachzuahmen. Ein Komponist, der dieses Instrumentarium verwendete, konnte sich des (oft komischen) Effekts gewiß sein, wie etwa Leopold Mozart über eine Aufführung von Michael Haydns Bühnenmusik zu Voltaires *Zaïre* berichtet: »und ohngefehr, da eben eine *piano Variation vorausgieng*, tratt ein Variation mit *der Türk: Musik* ein welches so gähe und unvermuthet kam, daß alle frauenzimmer erschracken, und ein gelächter entstand«. Auch Mozart schreibt über Osmins »Ha! wie will ich triumphieren« aus der *Entführung* (III/19), daß »der zorn des osmin dadurch in das kommische gebracht

[wird], weil die türkische Musick dabey angebracht ist«.

Zum anderen zeigt sich das »alla turca« in musikimmanenten Besonderheiten: eine simple Wechselharmonik, Oktavparallelen, Unisonopassagen, Vorschläge (oft vor repetierten Tönen), Terz- und Quintsprünge und eine oft asymmetrische Periodenbildung der Melodik – allesamt Charakteristika, wie sie sich im Finale der Klaviersonate A-Dur (KV 331) exemplarisch nachweisen lassen.

Doch dieses Rondo und die *Entführung* sind beileibe nicht die einzigen »Turcherien« in Mozarts Werk. Die vermutlich 1772 in Mailand entstandenen Skizzen zu einem Ballett *Le gelosie del Serraglio* (KV Anh. 109) und das weit ausgeführte Singspielfragment *Zaide* (KV 344), an dem Mozart 1779/80 in Salzburg gearbeitet hat, zeigen, daß ihn türkische Bühnensujets schon vorher beschäftigt haben. Hinzu kommen verschiedene unverkennbar »türkisch« gefärbte Passagen in Instrumentalwerken – bezeichnenderweise alle in a-Moll, der Tonart des »Türkischen Marsches« –, etwa im Finale der frühen sogenannten *»Odense«-Sinfonie* (KV 16a) oder im Rondeau des Violinkonzerts A-Dur (KV 219). Ja, selbst in den Verzierungen und in der Chromatik des Rondos a-Moll für Klavier (KV 511) scheint noch ein vages »alla turca« nachzuklingen.

»Alla Turca« (Vladimir Ivanoff: Ensemble »Orient imaginaire« – CD Teldec 3984-24573-2)

Unterhaltungsmusiken

Cassation, Divertimento, Serenade, Notturno, Partita, Final- oder Nachtmusik: Die verschiedenen Gattungsbezeichnungen, unter denen Mozart seine Gesellschafts- und Unterhaltungsmusiken verzeichnet hat, meinen doch alle im großen und ganzen dasselbe: mehrsätzige Orchester- oder Ensemblekompositionen, die – meist im Sommer, abends und unter freiem Himmel – zu großen Hof-, Universitäts- oder Familienfesten aufgeführt wurden.

Vor allem in Salzburg bildeten solche Feste einen wichtigen Bestandteil des gesellschaftlichen Lebens, und tatsächlich waren fast alle Werke, die Mozart für solche Gelegenheiten komponiert hat, für Salzburg bestimmt: für die Prüfungsfeiern der philosophischen Fakultät (die Finalmusiken und Cassationen KV 63 & 99 sowie die Serenaden KV 100, 185 & 204), für den Polterabend anläßlich der Hochzeit von Franz Xaver Spaeth und Elisabeth Haffner (die *»Haffner«-Serenade* KV 250) oder für verschiedene Namenstage – des Dienstherrn Colloredo (die *»Colloredo«-* und die *»Posthorn«-Serenade* (KV 203 & 320)), der Schwester Nannerl (KV 251) oder der Gräfin Antonia Lodron (die beiden *»Lodronischen Nacht-Musiquen«* KV 247 & 287). Wie volkstümlich der Tonfall dieser Werke war, zeigt gerade dieses letzte Divertimento, das in einem Satz ein Volkslied variiert und im Finale den Gassenhauer *D'Bäuerin hat d'Katz verlorn* zitiert.

Vielen der Werke ist ein Marsch vorangestellt, manche enthalten in ihrer Folge von sechs, sieben oder acht Sätzen mehrere aufeinanderfolgende Sätze mit Solovioline, die innerhalb der Serenade eine Art Konzert en miniature bilden; wie bei der zweiten *»Lodronischen Nachtmusique«* wird Mozart oft selbst diesen Part übernommen haben: »Da schauete alles gros drein. Ich spiellte als wenn ich der gröste geiger in Ganz Europa wäre.» Trotz ihres durchweg heiteren und spielerischen Charakters finden sich auch in den Serenaden immer wieder Sätze von erstaunlicher Abgründigkeit, etwa das h-Moll-Andante in der *Serenade D-Dur* (KV 203) oder das d-Moll-Andantino der *»Posthorn«-Serenade*.

In Wien hat Mozart nur noch vier Serenadenwerke komponiert: die beiden großen Bläserserenaden Es-Dur (KV 375, zum Namenstag der Schwägerin des Hofmalers Joseph Hickel) und c-Moll (KV 388, als »Nacht-Musique« für Alois Fürst Liechtenstein), deren erhabener Ernst weit über den Standard einer »Gesellschaftsmusik« hinausgeht; dann die *»Gran Partita«* Es-Dur (KV 361), in der Mozart erstmals Bassetthörner verwendet und die als »eine große blasende Musik von ganz besonderer Art« am 23. März 1784 in einer Burgtheater-Akademie des Klarinettisten Anton Stadler aufgeführt wurde; und schließlich im August 1787 die *Kleine Nachtmusik* (KV 525), über deren Entstehungsanlaß nichts bekannt ist.

Hinzu kommen mehr als 200 Menuette, Deutsche und Kontretänze.

Serenade Es-Dur *»Gran Partita«* KV 361 / Serenade c-Moll KV 388 (Philippe Herreweghe: Bläser des Orchestre des Champs-Élysées – CD Harmonia Mundi HMC 901570)

Violinkonzerte und Geigenspiel

Den ersten Unterricht im Geigenspiel hat Mozart natürlich von seinem Vater erhalten, und er muß ein recht passabler Violinist gewesen sein, bis er das Instrument mehr und mehr durch das Klavier ersetzte. Schon auf der ersten Italienreise berichtet Leopold, »der Wolfg: [...] geigt, aber nicht öffent:[lich]«. Gerade er bedauerte es sehr, daß Wolfgang »sein« Instrument nicht mehr regelmäßig spielte, und ließ nicht ab, ihn zu ermahnen: »du weist selbst nicht wie gut du Violin spielst, wenn du nur die *Ehre geben* und *mit Figur, Herzhaftigkeit,* und *Geist spielen* willst, ia, so, *als wärest du der erste Violinspieler in Europa.* [...] ò wie manchmal wirst du einen Violinspieler, der hochgeschätzt wird, hören, mit dem du Mitleiden haben wirst!«

Die fünf authentischen Violinkonzerte (KV 207, 211, 216, 218 & 219) Mozarts sind innerhalb eines ganz kurzen Zeitraums entstanden, zwischen April und Dezember 1775 in Salzburg – und zwar wahrscheinlich nicht für ihn selbst, sondern für Antonio Brunetti, den Konzertmeister der fürsterzbischöflichen Hofkapelle. Hinzu kommen noch drei später, gleichfalls für Brunetti, komponierte Einzelsätze – ein Adagio (KV 261) und zwei Rondos (KV 269 & 373) – und ein verlorenes Andante A-Dur (KV 470).

Ob das »sechste«, angeblich im Juli 1777 in Salzburg entstandene Konzert D-Dur (KV 271i) und ein (früher unter KV 268 verzeichnetes) Konzert Es-Dur tatsächlich von Mozart stammen, ist mehr als frag-

Mozarts Kindergeige (Mozart-Geburtshaus, Salzburg)

lich. Eine nachgewiesene Fälschung stellt schließlich das sogenannte *»Adelaide«-Konzert* (KV 294a) dar, das aus der (nicht ungeschickten) Feder des französischen Geigers Marius Casadesus stammt; es wurde 1933 – mit Kadenzen von Paul Hindemith! – bei Schott veröffentlicht.

Neben diesen Konzertwerken für Violine solo gibt es ein Concertone C-Dur (KV 190) für zwei Violinen und die Sinfonia concertante Es-Dur (KV 364) für Violine, Viola und Orchester, deren Andante in c-Moll sicher zu den schönsten und tiefgründigsten langsamen Sätzen Mozarts gehört. Daß er zwei weitere Werke – ein Doppelkonzert D-Dur (KV 315f) für Klavier, Violine und Orchester und eine Sinfonia concertante A-Dur (KV 320e) für Streichtrio und Orchester – nicht zu Ende komponiert hat, »gehört zu den größten Verlusten der Kunst«, wie das *Köchelverzeichnis* anmerkt.

Sinfonia concertante Es-Dur KV 364 / Doppelkonzert D-Dur KV 315f (vervollständigt von Philip Wilby) (Midori, Violine; Nobuko Imai, Viola; Christoph Eschenbach, Klavier; NDR-Sinfonieorchester: Christoph Eschenbach – CD Sony BMG SK 89488)

Wien

Nach seinem Ausscheiden aus dem Salzburger Dienst im Frühsommer 1781 drehen sich fast alle Briefe Mozarts um zwei Themen: um die »Sau-Historie« des Graf Arcoschen Fußtritts und um die Frage, ob er nun nach Salzburg zurückkehren oder in Wien bleiben soll. Auch wenn die Briefe Leopolds verloren sind, weiß man doch aus Wolfgangs Antworten, wie schwer er seinen Vater davon überzeugen konnte, daß Wien »für mein Metier der beste Ort von der Welt« sei.

Die Stadt, in der Mozart die letzten zehn Jahre seines Lebens verbrachte, hatte gut 200000 Einwohner, davon etwa 2600 Adlige, 2000 Geistliche und 3000 Beamte; gut ein Fünftel der Bevölkerung machten 12500 Militärpersonen und 30000 Domestiken aus. 4000 Fiaker und Mietdroschken verstopften die engen, staubigen Straßen und Gassen, 300 Polizeisoldaten sorgten für Ordnung, das Licht in den Straßen wurde erst nachts um zwei Uhr gelöscht.

Von den 5500 Häusern Wiens lag etwa ein Viertel im inneren Stadtbezirk. Entsprechend hoch waren die Mieten; für seine (heute als Gedenkstätte eingerichtete) Wohnung im Camesina-Haus in der Großen Schulerstraße zahlte Mozart in den Jahren 1784 bis 1787 460 Gulden pro Jahr. Zacharias Wertheims *Versuch einer medicinischen Topographie von Wien* schildert im Jahre 1810 Zustände, die zu Mozarts Zeit eher noch schlimmer gewesen sein dürften: »Die fast ungeheure Zahl von Menschen und Hausthieren, welche hier in einem so eng beschränkten Raume beysammen leben, daß im Durchschnitte mehr denn 57 Personen in einem Hause wohnen müssen, ist zwar allerdings für unser physisches Wohl nicht sehr gedeihlich. [...] Die Höhe der Gebäude, und die krummen, schmalen Gassen, die sie bilden, verhindern oft den gehörigen Zutritt von Luft und Sonne; viele Familien sind überdieß nicht selten genöthiget, sich in einem einzigen, kleinen, niedrigen, feuchten, finsteren, dumpfen Stübchen aufzuhalten.« (Auch Mozart hatte anfangs in einer Wohnung »für Ratzen und Mäuse aber nicht für Menschen« logiert, wo man »die stiege Mittags um 12 uhr mit einer laterne« suchen mußte.) Eine »Sterbetabelle von Wien« verzeichnet für das Jahr 1800 als Haupttodesursachen Lungen- und Brustwassersucht, Blattern, Auszehrung; noch im Jahre 1830 starb knapp ein Drittel der Neugeborenen im ersten Lebensjahr.

Was Wien ungeachtet dieser sicher nicht idealen Lebensbedingungen für Mozart so attraktiv machte, waren »die schönsten und Nützlichsten Connaißancen von der Welt« – die vielfältigen Kontakte zum Hof, zum Adel und zum gehobenen Bürgertum, in deren Kreisen Mozart bald ein und aus ging, wie die Subskribentenliste seiner ersten Wiener Akademien beweist. Und so wie sie regelmäßig zu Mozarts Konzerten kamen, war er regelmäßiger, gern gesehener (und vor allem gern gehörter) Gast in ihren Salons. Auch seine »Skolarinnen«, die einen nicht unbeträchtlichen Teil seines Einkommens sicherten, stammten aus diesem Umfeld.

Die Zauberflöte

»*Die Zauberflöte* – eine teutsche Oper in 2 Aufzügen. Von Eman[uel] Schikaneder. bestehend in 22 Stücken.« Komponiert zwischen Ende Juni und dem 28. September 1791, uraufgeführt am 30. September 1791 im Theater auf der Wieden.

»Ist die *Zauberflöte* ein Machwerk?« lautete 1978 der provokante Titel des dritten Bandes der *Musik-Konzepte*, und wirklich hat bis heute keine andere Oper Mozarts so viele widersprüchliche Deutungen und Bewertungen erfahren, wobei sich Kritik wie Lob zu gleichermaßen abstrusen Formulierungen versteigen: »eine unglaubliche Farce«, sagen die einen, Mozarts »Vermächtnis an die Menschheit«, behaupten die anderen. Ähnlich heterogen lesen sich die verschiedenen Versuche, der *Zauberflöte* eine geheime verschlüsselte »Botschaft« nachzuweisen, von den vielzitierten Interpretationen als Freimaurer- oder Illuminatenpiece bis hin zu einer Umdeutung als jakobinisches Revolutionsstück, bei der schon 1794 »die Befreyung des französischen Volkes [Tamino und Pamina] aus den Händen des alten Despotismus [die Königin der Nacht] durch die Weisheit einer besseren Gesetzgebung [Sarastro]« als eigentliche, dem Stück zugrundeliegende Idee propagiert wurde.

Jenseits all dieser Deutungs- und Verschwörungstheorien war *Die Zauberflöte* eine typische »Maschinenkomödie« in der Tradition des Wiener Volkstheaters, in dem es damals nur so wimmelte von Zauberglöckchen, Zaubergeigen, Zauberharfen –

oder eben Zauberflöten. Und da der Impresario Schikaneder (der selbst den Papageno sang) das Werk »mit grossen Kosten und vieler Pracht in den Dekorationen« auf die Bühne gebracht hatte, war der Erfolg entsprechend groß. Selbst Antonio Salieri war begeistert, als Mozart ihn und seine Freundin, die Sängerin Catarina Cavalieri, am 13. Oktober 1791 ins Theater mitnahm: »Sie sagten beide ein *Opera*, – würdig bey der größten festivität vor dem größten Monarchen aufzuführen, – und Sie würden sie gewis sehr oft sehen, den sie haben noch kein schöneres und angenehmeres Spectacel gesehen.«

Heute gehört *Die Zauberflöte* zu den erfolgreichsten und meistgespielten Opern der Welt, und entsprechend populär sind viele ihrer Arien: von Papagenos »Der Vogelfänger bin ich ja« (I/2) über Taminos »Dies Bildnis ist bezaubernd schön« (I/3), Sarastros »O Isis und Osiris« (II/10) und die bravouröse Koloraturarie der Königin der Nacht »Der Hölle Rache kocht in meinem Herzen« (II/14) bis hin zu Paminas »Ach, ich fühl's, es ist verschwunden« (II/17).

Wer freilich *Die Zauberflöte* immer noch für ein »Machwerk« hält, dem sei der Gesang der beiden Geharnischten »Der, welcher wandelt diese Straße voll Beschwerden« (II/21) empfohlen – eine der erstaunlichsten Musiken, die Mozart je zu Notenpapier gebracht hat.

Die Zauberflöte KV 620 (Otto Klemperer: Philharmonia Orchestra & Chorus, Nicolai Gedda, Gundula Janowitz, Walter Berry, Lucia Popp, Gottlob Frick u.a. – 2 CD EMI 7 69971 2)

Weber, Aloysia, Josepha und Sophie

Den 17. Januar 1778 wird Leopold Mozart wohl als einen der schwärzesten Tage in seinem Leben in Erinnerung behalten haben: Es war der Tag, an dem ihm Wolfgang aus Mannheim erstmals von seiner Begegnung mit der Familie des Notenkopisten Fridolin Weber berichtete … »ich weis nicht habe ich schon von seiner tochter geschrieben oder nicht – sie singt halt recht vortreflich, und hat eine schöne reine stimm. […] sie ist erst 16 jahr alt. ihr Vatter ist ein grundehrlicher teütscher Man, der seine kinder gut erzieht. […] er hat 6 kinder, 5 Mädeln und Einen sohn.«

Die erwähnte Tochter war die zweitälteste, die 1761 geborene Aloysia, in die sich Mozart unsterblich verliebt hatte. Ob es wirklich die Mutter Maria Cäcilia Weber war, die – wie Alfred Einstein schreibt – Aloysia »als Köder« ausgeworfen hatte, um den hoffnungsvollen jungen Komponisten zu gewinnen, sei dahingestellt. Mozarts enthusiastisches Urteil über Aloysias Stimme dürfte jedenfalls nicht nur seiner Verliebtheit entsprungen sein: Die acht Konzertarien, die er zwischen Februar 1778 (*»Alcandro, lo confesso«* KV 294) und März 1788 (*»Ah se in ciel«* KV 538) für sie komponiert hat, verlangen eine seltene sängerische Virtuosität und Meisterschaft; die Bravourszene *»Popoli di Tessaglia«* (KV 316) reicht sogar bis zum dreigestrichenen g – höher als die Partie der Königin der Nacht!

Und Aloysia – hat sie Mozarts Liebe erwidert? Höchstwahrscheinlich. Und auch nach ihrer Heirat mit dem Hofschauspieler und Maler Joseph Lange (am 31. Oktober 1780) scheint es zwischen den beiden weiter »geknistert« zu haben. »bey der Langin war ich ein Narr, das ist wahr«, gesteht Mozart seinem Vater im Mai 1781, als er seine Gefühle bereits ihrer jüngeren Schwester Konstanze zugewandt hat, »aber was ist man nicht wenn man verliebt ist! – Ich liebte sie aber in der that, und fühle daß sie mir noch nicht gleichgültig ist – und ein glück für mich, daß ihr Mann ein Eyfersüchtiger Narr ist, und sie nirgends hinlässt, und ich sie also selten zu sehen bekomme.« 1798 hat Aloysia ihren Ehemann verlassen und sich in Frankfurt am Main als Musiklehrerin eine neue Existenz aufgebaut; 1839 ist sie in Salzburg gestorben.

Auch Aloysias ältere Schwester Josepha (um 1758–1819), verheiratet mit dem Geiger Franz Hofer, war eine brillante Sängerin; Mozart schrieb für sie die Konzertarie *»Schon lacht der holde Frühling«* (KV 580) und die Partie der Königin der Nacht in der *Zauberflöte*.

Und schließlich die jüngste Schwester der »Weberischen«, Sophie (1763–1846), verheiratet mit dem Sänger und Komponisten Jakob Haibel. Sie hielt an Mozarts Sterbebett Wache, »wo er mir gleich zuruffte: Ach gute, liebe Sophie, daß Sie da sind. Sie müssen heute Nacht da bleiben, Sie müssen mich sterben sehen. [...] Ich habe ja schon den Todten-Geschmack auf der Zunge.«

Die Konzertarien (György Fischer: Wiener Kammerorchester, Kiri te Kanawa, Edita Gruberová, Teresa Berganza, Krisztina Laki, Elfriede Hobarth, Dietrich Fischer-Dieskau, Gösta Winbergh, Fernando Corena – 5 CD Decca 430 300-2)

Verzeichnisse

»*1784. den 9:ten Hornung.* 1, *Ein klavierkonzert. Begleitung.* 2 violini, viola e Baßo. – (2 oboe, 2 corni ad libitum.)«

Mit dem Eintrag des Klavierkonzerts Es-Dur (KV 449) beginnt Mozart am 9. Februar 1784 ein handschriftliches *Verzeichnüß aller meiner Werke*, das er bis zu seinem Tod getreulich fortführt; auf der linken Seite steht jeweils der Titel des Werkes, auf der gegenüberliegenden Seite findet sich auf zwei Notensystemen das Incipit. Der 145. und letzte Eintrag vom 15. November 1791 vermerkt »*Eine kleine freymaurer-kantate* [KV 623]. bestehend aus *1 Chor, 1 Arie. 2 Recitativen*, und *ein Duo*. tenor und Baß, 2 violin, viole, Baßo, 1 flauto, 2 oboe e 2 Corni. –«

Nachdem der deutsche Musikforscher Otto Jahn 1856–59 seine grundlegende vierbändige Mozart-Biographie herausgebracht hatte, unternahm es der österreichische Privatgelehrte Ludwig Ritter von Köchel, das Œuvre Mozarts zu ordnen. Sein *Chronologisch-thematisches Verzeichnis sämtlicher Tonwerke Wolfgang Amadé Mozarts* erschien 1862 bei Breitkopf & Härtel in Leipzig, wurde mehrfach überarbeitet – unter anderem 1905 von Paul Graf Waldersee und 1937 von Alfred Einstein – und liegt seit

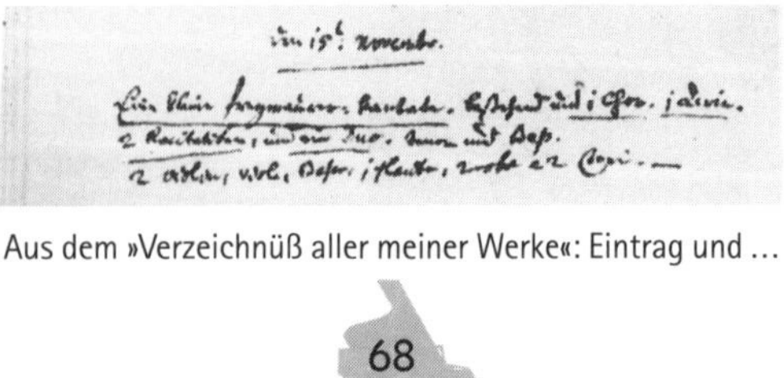

Aus dem »Verzeichnüß aller meiner Werke«: Eintrag und …

1983 in der achten Auflage vor, die von Franz Giegling, Alexander Weinmann und Gerd Sievers bearbeitet wurde; eine aufgrund neuerer Forschungen dringend notwendige Neuauflage ist in Planung.

Köchel hat Mozarts Werke chronologisch geordnet – vom »vermutlich 1761 oder 1762 in Salzburg« entstandenen Menuett G-Dur (KV 1) bis zum »1791 in Wien« komponierten *Requiem* (KV 626). Wo sich die Datierungen der ersten Auflage verändert haben, wurden die entsprechenden Werke in den Folgeauflagen an die neue Stelle verschoben und mit einer neuen KV-Nummer versehen; die Klaviersonaten a-Moll und D-Dur KV 310 und 311 zum Beispiel finden sich heute unter den KV-Nummern 300d und 284c. Außerdem gibt es die Anhänge A (W. A. Mozarts eigenhändige Abschriften fremder Werke), B (Übertragungen und Bearbeitungen von fremder Hand) und vor allem C (Zweifelhafte und unterschobene Werke). Trotz dieser philologischen Korrekturen werden Mozarts Werke nach wie vor – und wohl für immer – nach den KV-Nummern der ersten Auflage des *Köchelverzeichnisses* zitiert.

… die ersten Notenzeilen der »Freimaurer-Kantate« KV 623

Unterrichtstätigkeit

»dermalen habe nur eine einzige Skolarin, welche ist die gräfin Rumbeck, die Base vom kobenzl; ich könnte derer freylich mehrere haben, wenn ich meinen Preis herabsetzen wollte. – so bald man aber das thut so verliert man seinen credit – mein Preis ist für 12 lectionen 6 ducaten, und da gieb ich ihnen noch zu erkennen, daß ich es aus gefälligkeit thue. – ich will lieber 3 instructionen haben die mich gut bezahlen, als 6 die mich schlecht zahlen. – von dieser einzigen Skolarin kann ich mich *durchbringen*, und das ist mir unterdessen genug.«

Mit der Gräfin Marie Karoline Thiennes de Rumbeke, der Cousine des Staatskanzlers Ludwig Graf Cobenzl, beginnt im Juni 1781 die Liste von Mozarts Schülerinnen und Schülern, auf der sich bald schon weitere Namen finden: Josepha Auernhammer, die Gräfin Anna Maria Zichy, Maria Theresia von Trattner, Barbara von Ployer, der Engländer Thomas Attwood, Maria Magdalena Hofdemel, Johann Nepomuk Hummel (der als Siebenjähriger 1785 Mozarts Schüler wurde und sogar rund zweieinhalb Jahre in seinem Hause lebte), Franz Xaver Süßmayr (der später das *Requiem* vollendete), Franz de Paula Roser, Franz Jakob Freystädtler, Otto Hartwig. Bei anderen, die später von sich behaupteten, Mozarts Schüler gewesen zu sein – Karl Andreas Göpfert, Ludwig Gall oder Ignaz von Seyfried –, gibt es keinerlei Nachweis eines Unterrichts. Und auch der 16jährige Ludwig van Beethoven, der im April 1787 eigens nach Wien gekommen war, um bei Mozart zu studieren, scheint dem Komponisten nie begegnet zu sein.

Für Ployer und Attwood hat Mozart Unterrichts- und Studienhefte (KV 453b & 506a) angelegt, die Aufschluß über das Programm seiner Lektionen geben; sie enthalten Harmonie- und Generalbaßstudien, Quartett- und Choralsätze (bei denen Mozart meist Sopran und Baß vorgab, zu denen die Alt- und Tenormittelstimmen ergänzt werden mußten), Aufgaben im drei- und vierstimmigen Kontrapunkt bis hin zu Kanon-, Fugen- und sogar Sinfoniesätzen.

Neben Ployer, für die er die Klavierkonzerte Es-Dur und G-Dur (KV 449 & 453) komponiert hat, und Trattner, der die Klavierfantasie und -sonate c-Moll (KV 475 & 457) gewidmet sind, war Auernhammer Mozarts treueste Schülerin. »die freulle ist ein scheusal! – spiellt aber zum entzücken; nur geht ihr der Wahre feine, singende geschmack im Cantabile ab; sie verzupft alles.« Mozart hat sie in seinen Briefen immer wieder grausam verspottet: »wenn ein Maler den Teufel recht natürlich Malen wollte, so müste er zu ihrem gesicht zuflucht nehmen. – sie ist dick wie eine bauerndirne; schwizt also daß man speien möchte; [...] so abscheulig, schmutzig, und grauslich! – pfui Teufel!« Und das Schlimmste: »sie ist serieusement in mich verliebt«! Dennoch hat er für sie eines seiner schönsten Klavierwerke komponiert, die Sonate D-Dur für zwei Klaviere (KV 448).

Sonate D-Dur für zwei Klaviere KV 448
(Murray Perahia, Radu Lupu – CD Sony BMG MK 39511)

Tod und Begräbnis

»Seine Todeskrankheit, wo er bettlägerig wurde, währte 15 Tage. Sie begann mit Geschwulst an Händen und Füßen und einer beinahe gänzlichen Unbeweglichkeit derselben, der später plötzliches Erbrechen folgte, welche Krankheit man ›Hitziges Frieselfieber‹ nannte. Bis zwei Stunden vor seinem Verscheiden blieb er vollkommen bei Verstande.«

»*Den 6*^{ten} *X bris* [Dezember].

Mozart	Der / Titl / Herr Wolfgang Amadeus
3te Class	Mozart, k. k. Kapellmeister und
Pfarre	Kammer Compositeur, in der Rauchen-
St: Stephan	steingasse im kl: Kaiserhaus N^{ro}
	970, an hitzigen Friesel Fieber be-
	schaut, alt 36. Jr.
	Im Freydhof a. St. Marx
8 f 56 kr. Bezahlt	
	Wagen f 3 –«

Der Bericht Konstanzes und der Eintrag im Totenbuch der Pfarre St. Stephan zu Wien gehören zu den wenigen gesicherten Dokumente über Mozarts Tod und Begräbnis. Läßt man alle Spekulationen und Legenden über eine angebliche Vergiftung einmal beiseite, stellt sich die Frage, woran Mozart denn nun wirklich am 5. Dezember 1791, morgens gegen 0 Uhr 55, gestorben ist.

Das »hitzige Frieselfieber«, das die beiden behandelnden Ärzte Thomas Franz Closset und Matthias von Sallaba diagnostizierten, wurde 1825 von dem Wiener Amtsarzt Eduard Guldener von Lobes als »rheumatisches Entzündungsfieber [...] mit den gewöhnlichen Symptomen der Gehirnentzündung«

gedeutet. Dieser These schließt sich auch Carl Bär in seiner Studie *Mozart. Krankheit – Tod – Begräbnis* (1972) an, nach wie vor eine der ernsthaftesten und gründlichsten Untersuchungen zum Thema. Bär verweist dabei auf die gelenkrheumatischen Erkrankungen Mozarts in den Jahren 1763 und 1766, durch die eine entsprechende Disposition gegeben gewesen war. Die damals übliche Behandlung mit Aderlässen – Bär hat auf der Grundlage medizinhistorischer Quellen einen Blutverlust von etwa zwei Litern errechnet! –, Brechmitteln und schweißtreibenden Mitteln dürfte Mozarts ohnehin vom Fieber geschwächte Konstitution vollends untergraben haben, bis zuletzt wohl noch eine Herzinsuffizienz mit akutem Herzversagen hinzukam.

Die Beisetzung »3te Class«, deren Kosten wohl der Baron Gottfried van Swieten übernommen hat, war kein »Armenbegräbnis«, sondern entsprach – wie Volkmar Braunbehrens überzeugend nachgewiesen hat – dem Regelfall der josephinischen Begräbnisordnung. Da diese auch bestimmte, daß der Transport des Sarges auf den (rund viereinhalb Kilometer vom Stadtzentrum entfernten) St.-Marx-Friedhof erst nach 18 Uhr stattfinden durfte, ist es kaum erstaunlich, daß keiner der Familie oder Freunde Mozart auf diesem letzten Weg begleitete.

Erwähnt sei noch der Roman *Requiem für Theophil* von Alon Schmuckler (1990), der höchst unterhaltsam »Das zweite Leben des Wolfgang Amadeus Mozart« erfindet – ausgehend von der Idee, Mozart sei 1791 lediglich »untergetaucht« und erst 1842 gestorben.

Sinfonien

Die übliche Zählung der Sinfonien von Nummer »1« bis »41« – von der 1764 oder 1765 in London komponierten Sinfonie Es-Dur (KV 16) bis zur *»Jupiter«-Sinfonie* C-Dur (KV 551), die im August 1788 in Wien entstand – ist unvollständig: Tatsächlich hat Mozart rund 60 Sinfonien hinterlassen, wenn man die als Opernouvertüren gedachten »sinfonie« mitrechnet. Ähnlich wie bei den Serenaden und »Gesellschaftsmusiken« ist auch der bei weitem größte Teil dieser Werke in Salzburg und für die dortige Hofkapelle entstanden, oft mehrere Sinfonien in einem Monat. Die frühen Sinfonien folgen entweder dem dreisätzigen italienischen oder dem (um ein Menuett erweiterten) viersätzigen Wiener Modell, das Mozart erstmals in der Sinfonie F-Dur (KV 76) verwendet. Dabei sind sie, trotz aller Meisterschaft, nicht mehr als »kultivierte Unterhaltung – keine Seelenbeichte« (Fritz Hennenberg).

Nach seinen Italienreisen ändert sich das Bild freilich entscheidend. Die Sinfonien B-Dur, g-Moll, A-Dur und D-Dur (KV 182, 183, 201 & 202), die Mozart im Oktober 1773 und im Frühjahr 1774 komponierte, zeigen nicht nur formal eine souveräne Meisterschaft, sondern gehen auch in ihrem expressiven Charakter weit über das hinaus, was andere »Sturm-und-Drang«-Sinfonien der Zeit zu bieten haben. Mozart muß sich der Bedeutung dieser Werke durchaus bewußt gewesen sein, da er den Vater noch im Januar 1783 bittet, ihm drei dieser Sinfonien »so bald möglich« nach Wien zu schicken. Mit der *»Haffner«-Sinfonie* D-Dur (KV 385), die er im Juli 1782 zur Nobilitierung des alten Freundes der Familie nach Hause schickt, endet die Reihe seiner Salzburger Sinfonien.

Auf dem Rückweg von Salzburg, wo er mit Konstanze den Vater besucht hat, nach Wien macht Mozart im November 1783 drei Wochen lang Station in Linz. »Dienstag als den 4:^{ten} Novembr werde ich hier im theater academie geben. – und weil ich keine einzige Simphonie bey mir habe, so schreibe ich über hals und kopf an einer Neuen, welche bis dahin fertig seyn muß«: die *»Linzer« Sinfonie* C-Dur (KV 425). Auch die *»Prager« Sinfonie* D-Dur (KV 504), die Mozart am 19. Januar 1787 in einer Akademie am Prager Theater dirigiert, dürfte »über hals und kopf« für dieses Konzert entstanden sein.

Bleibt schließlich die Trias der letzten Sinfonien Es-Dur, g-Moll und C-Dur (KV 543, 550 & 551), die Mozart im Abstand weniger Wochen – zwischen 26. Juni und 10. August 1788 – in sein Werkverzeichnis eingetragen hat. Er erwähnt damals in mehreren Briefen »Academien im Casino« auf der Mehlgrube, für die er diese Sinfonien wohl komponiert hat. Ob die Konzerte zustande kamen, ist ungewiß; sicher aber stand eine der drei Sinfonien am 16. und 17. April 1791 auf dem Programm einer Burgtheater-Akademie der Tonkünstlergesellschaft »zum Vortheil ihrer Wittwen und Waisen«, bei der Antonio Salieri ein Ensemble aus mehr als 180 Musikern und Sängern dirigierte.

- *Die Sinfonien* (Christopher Hogwood: The Academy of Ancient Music – 19 CD L'Oiseau-Lyre B000004CYS)

Salzburg

»ich schwöre ihnen bey meiner Ehre daß ich Salzburg und die ihnwonner |: ich rede von gebohrnen Salzburgern :| nicht leiden kann; – mir ist ihre sprache – ihre lebensart ganz unerträglich.« Der Brief, den Mozart am 8. Januar 1779 aus München an seinen Vater schreibt – eine Woche, bevor er von seiner großen Parisreise nach Hause zurückkehrt –, ist nur eines von vielen Dokumenten, die seinen abgrundtiefen Haß auf seine Heimatstadt belegen. Aber waren es wirklich die Stadt und ihre Einwohner, denen Mozarts Abneigung galt? »mir wird bey meiner Ehre nicht Salzburg – sondern der Fürst – die stolze Noblesse alle tage unerträglicher [...] und leichter würde es mir noch ankommen wenn man doch nur bisweilen auf eine kurze Zeit weg könnte, um odem zu hollen«, gesteht er – wiederum aus München – im Dezember 1780.

Die fürsterzbischöfliche kleine Residenzstadt hatte zu Mozarts Zeit etwa 25000 bis 30000 Einwohner und konnte auf eine lange und reiche Musiktradition zurückblicken; unter den Komponisten, die vor Mozart in der Hofkapelle dienten, finden sich so berühmte Namen wie Heinrich Ignaz Franz Biber, Georg Muffat und Johann Ernst Eberlin. Seit der Gründung der Universität (1623) gab es auch dort ein reges Musikleben, an dem Mozart früh Anteil hatte: Schon als Fünfjähriger wirkte er bei einer Aufführung der lateinischen Schulkomödie *Sigismundus Hungariae Rex* mit, 1767 lieferte er selbst mit *Apollo et Hyacinthus* (KV 38) das Werk, mit dem in Salzburg traditionell ein akademisches Jahr beschlossen wurde; auch mehrere »Finalmusiken« Mozarts waren für akademische Abschlußfeiern bestimmt.

Was die Hofkapelle betrifft, so scheint es um sie unter Fürsterzbischof Hieronymus Graf Colloredo deutlich schlechter bestellt gewesen zu sein als unter seinem Vorgänger Sigismund Graf von Schrattenbach, und zwar sowohl musikalisch wie moralisch: »dies ist auch eins von den haupt-sachen was mir Salzburg verhast macht – die grobe, lumpenhafte und liederliche Hof-Musique – es kann ja ein honneter Mann, der lebensart hat, nicht mit ihnen leben; – er muß sich ja, anstatt daß er sich ihrer annehmen könnte, ihrer schämmen!« Andererseits scheint Colloredo kein besonderes Interesse daran gehabt zu haben, die Moral oder Qualität seiner Hofkapelle zu verbessern, was Mozart um so schmerzlicher bewußt wurde, als er 1778 das berühmte Mannheimer Orchester erlebte: »sie glauben gar nicht was eine sinfonie mit flauten, oboen und clarinetten einen herrlichen Effect macht; – [...] ach, die Musique könnte bey uns viell schöner und besser seyn, wenn der Erzbischof nur wollte.«

Kurzum, in Salzburg konnte und wollte Mozart nicht sein, »weil ich überall *mehr* hofnung habe vergnügt und glücklich leben zu können! – sie werden mich vielleicht unrecht verstehen, und glauben Salzburg seye mir zu klein? – da würden sie sich sehr betrügen; – [...] unterdessen begnügen sie sich auch mit dieser, dass Salzburg kein ort für mein Talent ist!« Womit er durchaus recht hatte.

Requiem

Im Juli 1791 – so berichtet Mozarts erster Biograph Franz Xaver Niemetschek – »wurde ihm ein Brief ohne Unterschrift von einem unbekannten Bothen übergeben, der nebst mehreren schmeichelhaften Aeusserungen die Anfrage enthielt, ob Mozart eine Seelenmesse zu schreiben übernehmen wollte? [...] Er schrieb also dem unbekannten Besteller zurück, er würde das Requiem für eine gewisse Belohnung verfertigen. [...] In kurzer Zeit erschien derselbe Bothe wieder, brachte nicht nur die bedungene Belohnung mit, sondern noch das Versprechen, da er in dem Preise so billig gewesen sey, bey der Absendung des Werkes eine beträchtliche Zugabe zu erhalten. Er sollte [...] sich aber gar keine Mühe geben, den Besteller zu erfahren, indem es gewiß vergeblich seyn würde.«

Das also ist der Stoff, aus dem die Legenden sind: War nicht der ominöse »graue« oder »schwarze Bote« der Tod persönlich, der bei Mozart angeklopft hat? Glaubte er nicht selbst – wie erstmals Jean-Baptiste-Antoine Suard 1804 in seinen *Anecdotes sur Mozart* behauptet hat –, »der Bote sei ihm aus dem Jenseits gesandt worden, um ihm sein nahes Ende zu verkünden«?

Tatsächlich war es Franz Anton Leitgeb, Gutsverwalter des Grafen Franz Walsegg-Stuppach, der das *Requiem* im Auftrag seines Herrn bei Mozart bestellt hat; der musikliebende Graf hatte kurz zuvor seine Frau Anna verloren und ließ Mozarts Werk später unter seinem eigenen Namen aufführren, »Requiem composto del Conte Walsegg« – daher die Geheimnistuerei.

Mozart arbeitete zwischen Juli und Oktober 1791 parallel an der *Zauberflöte* (KV 620), am *Titus* (KV 621) und an seinem Klarinettenkonzert A-Dur (KV 622) für Anton Stadler – kein Wunder, daß er mit dem *Requiem* nur schleppend vorankam. Und obgleich er bis zuletzt buchstäblich fieberhaft daran weiterkomponierte, blieb dieses letzte Werk (KV 626) unvollendet: Nur Introitus und Kyrie waren ganz fertig, das Manuskript der Sequenz enthält lediglich das Gerüst des Chorsatzes, Teile der ersten Violinstimme und den Baß und bricht im achten Takt des Lacrimosa ab, zum Offertorium existieren gleichfalls nur Skizzen für Chor, Violinen und Baß. In Konstanzes Auftrag war es schließlich Mozarts Schüler Franz Xaver Süßmayr, der das Fragment vollendete – sehr viel besser übrigens, als ihm oft vorgeworfen wird.

Das monumentale d-Moll-Fragment trägt einerseits archaisierend-barocke Züge – etwa in der Doppelfuge des »Kyrie eleison« –, andererseits lassen sich deutlich zwei Vorbilder ausmachen, die Mozart mit an Sicherheit grenzender Wahrscheinlichkeit gekannt hat: die *Grande Messe des morts* (1760) von François-Joseph Gossec und das *Requiem* (1773) von Michael Haydn. Was nichts daran ändert, daß es seinen Rang als »opus summum et ultimum« allemal verdient hat.

Requiem d-Moll KV 626 (Philippe Herreweghe: La Chapelle Royale, Orchestre des Champs-Élysées, Collegium Vocale, Sibylla Rubens, Annette Markert, Ian Bostridge, Hanno Müller-Brachmann – CD Harmonia Mundi HMC 901620)

Quintette

Es war der italienische Komponist und Cellovirtuose Luigi Boccherini, der 1771 die klassische Streichquartettbesetzung (zwei Violinen, Viola und Violoncello) um ein zweites Violoncello erweitert und die Form des Streichquintetts begründet hatte. Seinem Beispiel folgte auch Michael Haydn, dessen 1773 entstandenes Streichquintett-Notturno Mozart kurz darauf zu seinem ersten Streichquintett B-Dur (KV 174) inspirierte – wobei Haydn und Mozart (wie später auch Ludwig van Beethoven und Johannes Brahms) dem Quartett eine zweite Viola hinzugefügt haben.

13 Jahre nach diesem Einzelwerk entstehen im April und Mai 1787 die drei Streichquintette C-Dur, g-Moll und c-Moll (KV 515, 516 & 406, eine Bearbeitung der Bläserserenade c-Moll KV 388). Um sie herum listet das *Köchelverzeichnis* nicht weniger als sieben fragmentarische Quintettsätze auf: ein deutliches Zeichen dafür, wie wichtig diese Quintette Mozart waren, die zu seinen eindrucksvollsten Kammermusiken gehören. Der Versuch, sie im April 1788 in Kopien »schön und korrekt geschrieben, auf Subskripzion« anzubieten, fand allerdings kein Echo. Auch im Umfeld der letzten beiden Quintette D-Dur und Es-Dur (KV 593 & 614) von 1790/91 finden sich mehrere Fragmente.

Aus dem ersten Wiener Jahr 1782 stammt das Quintett Es-Dur (KV 407) für Horn und Streichquartett, das Mozart – wie seine Hornkonzerte – für Joseph Leutgeb komponiert hat: ehedem Hornist in

Streichquintett D-Dur KV 593, erste Seite

der Salzburger Hofkapelle, seit 1777 als Käsehändler (!) in Wien ansässig, Freimaurer und einer der ältesten und engsten Freunde des Komponisten. Das eigenwillig besetzte Quintett Es-Dur (KV 452) für Klavier, Oboe, Klarinette, Horn und Fagott dagegen war für seine Burgtheater-Akademie vom 1. April 1784 gedacht, wo es »ausserordentlichen beyfall erhalten; – ich selbst halte es für das beste was ich noch in meinem leben geschrieben habe«.

Bleibt noch das Quintett A-Dur (KV 581) für Klarinette und Streichquartett zu erwähnen, das Mozart im September 1789 für den befreundeten Klarinettisten und Bassetthornvirtuosen Anton Stadler geschrieben hat; auch zu ihm existieren mehrere gleich oder ähnlich besetzte Fragmente, anhand derer sich der Entstehungsprozeß dieses wunderbaren Werkes rekonstruieren läßt.

- Streichquintette KV 174, 406, 515, 516, 593 & 614 / Klarinettenquintett A-Dur KV 581 (Bohuslav Zahradnik, Tálich-Quartett mit Karel Rehak – 3 CD Calliope CAL 9231.3)

Puchberg, Johann Michael

»Liebster Bruder! Ihre wahre Freundschaft und Bruderliebe macht mich so kühn, Sie um eine große Gefälligkeit zu bitten; – ich bin ihnen noch 8 *Dukaten* schuldig – überdies daß ich dermalen außer Stande bin, Sie Ihnen zurück zu bezahlen, so geht mein Vertrauen gegen Sie so weit, daß ich Sie zu bitten wage, mir nur bis künftige Woche (wo meine Academien im Casino anfangen) mit 100 fl. [Gulden] auszuhelfen; – bis dahin muß ich nothwendigerweise mein Subscriptions-Geld in Händen haben [...].

Ich bitte Sie noch einmal meiner Zudringlichkeit wegen um Vergebung und verharre nebst Empfehlung an Ihre würdige Frau Gemahlin mit aller Freundschaft und Bruderliebe Ihr ganz ergebenster Br. W. A. Mozart.«

Mit diesem ersten (erhaltenen) Dokument beginnt im Juni 1788 die bedrückende Reihe von 22 Bettelbriefen Mozarts an den Wiener Tuchhändler Johann Michael Puchberg – einen Freimaurer-Logenbruder, der ihm in den nächsten drei Jahren immer wieder großmütig und nach besten Kräften unter die Arme gegriffen hat. Der durchweg drängende, oft verzweifelte Tonfall dieser Briefe ist keine Pose: Mozart muß damals wirklich – warum auch immer – in argen Geldnöten gesteckt haben. »Sie werden gewis selbst *sicher* und *wahr* finden, daß es übel, Ja ohnmöglich zu leben sey, wenn man von Einnahme zu Einnahme warten muß! – wenn man nicht einen gewissen, wenigstens *den nöthigen vorath* hat, so ist es nicht möglich in ordnung zu kommen. – mit nichts macht man *nichts.*« (17. Juni 1788) »Meine Laage ist so, daß ich unumgänglich genöthigt bin Geld aufzunehmen. – [...] Wenn Sie werthester Br: mir in dieser meiner Laage nicht helfen, so verliere ich meine Ehre und Credit, welches das einzige ist, welches ich zu erhalten wünsche.« (27. Juni 1788) »Gott! ich bin in einer Laage, die ich meinem ärgsten Feinde nicht wünsche; und wenn Sie bester Freund und Bruder mich verlassen, so bin ich *unglücklicher und unschuldigerweise* sammt meiner armen kranken Frau und Kind verlohren.« (12. Juli 1789)

Auch wenn er die von Mozart erbetenen Summen nicht immer leisten konnte (oder wollte), hat Puchberg ihn bis zum letzten Bettelbrief vom 25. Juni 1791 mit insgesamt 1415 Gulden unterstützt, von denen er zu Lebzeiten des Komponisten rund 400 Gulden zurückerstattet bekam; die restliche Schuld wurde später wohl von Konstanze beglichen. Eine besondere Form des Dankes stattete Mozart seinem Gläubiger im September 1788 mit dem Divertimento Es-Dur (KV 563) für Streichtrio ab, »welches ich Hr: v Puchberg schrieb«.

Leider gibt es von Puchberg keinen einzigen Brief an Mozart, der Aufschluß darüber geben könnte, ob er die Zuwendungen gerne gewährt hat oder ob ihm Mozarts ständiges Betteln vielleicht doch als »Zudringlichkeit« vorgekommen sein mag. Ihrer Freundschaft scheint es jedenfalls keinen Abbruch getan zu haben.

Divertimento Es-Dur für Violine, Viola und Violoncello KV 563 (Arthur Grumiaux, Georges Janzer, Eva Czako – in 2 CD Philips 426 887-2)

Prag

Wenn es eine Stadt gab, in der Mozart uneingeschränkt geliebt, bewundert und verstanden wurde, dann war es Prag. Beziehungen dorthin bestanden seit längerem – zum einen über die Grafenfamilie Thun, die in Wien zu Mozarts Mäzenen gehörte und deren Oberhaupt in Prag residierte, zum anderen über die Sängerin Josepha Duschek, für die Mozart 1777 in Salzburg eine Konzertarie (*»Ah, lo previdi«* KV 272) komponiert hatte und die er im März 1786 in Wien wiedertraf, als sie am Hoftheater gastierte. Den eigentlichen »Brückenschlag« nach Prag aber bedeutete die umjubelte Premiere von *Le nozze di Figaro* im Dezember 1786, der – wie Leopold an seine Tochter Nannerl schreibt – »mit so grossen Beyfahl alda aufgeführt worden, daß das Orchester, und eine Gesellschaft *grosser* kenner und Liebhaber i[h]m Einladungs Briefe zu geschrieben, und eine Poesie die über ihn gemacht worden zugeschickt haben«.

Und wirklich wurde »unser grosse und geliebte Tonkünstler Hr. Mozard« (wie die *Prager Oberpostamtszeitung* schreibt) mit offenen Armen empfangen, als er der Einladung folgte und am 11. Januar 1787 in Prag eintraf: Es gab zwei Aufführungen des *Figaro* (von denen er eine selbst dirigierte) und eine Akademie im Theater, bei der die *»Prager« Sinfonie* (KV 504) uraufgeführt wurde; und vor allem nahm Mozart einen Auftrag des Impresarios Pasquale Bondini nach Wien mit, für ein Honorar von 450 Gulden eine Oper für Prag zu schreiben – den *Don Giovanni.*

Als er Anfang Oktober 1787 nach Prag zurückkehrte und im Landhaus Josepha Duscheks und ihres Mannes Franz Xaver Quartier nahm – der Villa Bertramka –, gab es zunächst Probleme, weil »das hiesige theatralische Personale nicht so geschickt wie das zu Wienn um eine solche oper in so kurzer Zeit einzustudiren«; doch die Premiere am 29. Oktober verlief dann doch glänzend: »Kenner und Tonkünstler sagen, daß zu Prag ihres Gleichen noch nicht aufgeführt worden. Hr. Mozard dirigirte selbst, u. als er ins Orchester trat, wurde ihm ein dreymaliger Jubel gegeben, welches auch bey seinem Austritte aus demselben geschah.« Der Erfolg war so groß, daß Bondini dem Komponisten über das vereinbarte Honorar hinaus auch noch die kompletten Einnahmen der vierten Vorstellung ausbezahlte, einen Betrag zwischen 700 und 1000 Gulden! Mozart blieb noch zwei Wochen in Prag, und: »Man wendet hier alles mögliche an um mich zu bereden, ein paar Monathe noch hier zu bleiben, und noch eine Oper zu schreiben, – ich kann aber diesen antrag, so schmeichelhaft er immer ist, nicht annehmen.«

Immerhin akzeptierte er 1791 den Auftrag der böhmischen Stände, anläßlich der Kaiserkrönung Leopolds II. eine neue Oper zu schreiben; unter enormem Zeitdruck wurde *La clemenza di Tito* in nur 18 Tagen fertig (wobei Mozarts Schüler Franz Xaver Süßmayr die Seccorezitative aussetzte), doch die Premiere am 6. September kam nicht über einen Achtungserfolg hinaus.

»Prager« Sinfonie D-Dur KV 504 (Benjamin Britten: English Chamber Orchestra – CD Decca 430 494-2)

Oratorien-Bearbeitungen

Abgesehen von seinen eigenen oratorischen Werken *Die Schuldigkeit des ersten Gebots* (KV 35), *Grabmusik* (KV 42), *La betulia liberata* (KV 118) und der Umarbeitung der Messe c-Moll zu *Davidde penitente* (KV 469) hat sich Mozart zwischen November 1788 und Juli 1790 intensiv mit den Oratorien Georg Friedrich Händels beschäftigt. Die Anregung dazu gab der Hofbibliothekar Gottfried Baron van Swieten, eine der prominentesten Figuren des Wiener Musiklebens; Ludwig van Beethoven hat ihm seine Sinfonie Nr. 1 gewidmet, Johann Nikolaus Forkel seine Bach-Biographie.

Swieten unterhielt einen Zirkel zur Pflege der Alten Musik – die »Gesellschaft der associirten Cavaliers« –, in dem Mozart seit April 1782 verkehrte: »ich gehe alle Sonntage um 12 uhr zum Baron von Suiten – und da wird nichts gespiellt als Händl und Bach. – ich mach mir eben eine Collection von den Bachischen fugen. – so wohl sebastian als Emanuel und friedeman Bach. – Dann auch von den händlischen.« Aus dieser Zeit dürften auch die sechs vierstimmigen Fugen aus dem *Wohltemperierten Clavier* stammen, die Mozart für Streichquartett arrangiert hat (KV 405), sowie die Bearbeitung von sechs dreistimmigen Fugen für Streichtrio (KV 404a), die er jeweils mit einem eigenen Präludium versah.

Swietens »Cavaliers-Gesellschaft« begnügte sich freilich nicht mit kammermusikalischen Sitzungen, sondern brachte auch regelmäßig Händelsche Oratorien zur Aufführung, ins Deutsche übertragen und von dem Wiener Komponisten Joseph Starzer bearbeitet. Als Starzer 1787 starb, trat Mozart dessen Nachfolge an und hat im Auftrag Swietens insgesamt vier Werke Händels »für unsre Zeiten brauchbarer eingerichtet«, wie es in einer frühen Druckausgabe heißt: die Pastorale *Acis und Galathea*, den *Messias*, das *Alexanderfest* und die *Cäcilienode* (KV 566, 572, 591 & 592). Die Kürzungen und Neuinstrumentierungen, die er sich dabei erlaubte, mögen Puristen heute einigermaßen fremd scheinen, aber sie entsprachen ganz dem Zeitgeist und haben maßgeblich dazu beigetragen, das Werk Händels lebendig zu erhalten.

Noch ein Wort zu Mozarts anderen Bearbeitungen. Ein musikalisches »Urheberrecht« gab es zu seiner Zeit noch nicht, und es war durchaus üblich, daß ein Komponist das Werk eines Kollegen für eine bestimmte Aufführung umschrieb oder ergänzte – eine Praxis, der man auch in Mozarts Œuvre regelmäßig begegnet. Ob es ein *Miserere* von Ignaz Holzbauer war, für das er in Paris acht Sätze hinzukomponierte (KV 297a), ob er eine Sinfonie Michael Haydns mit einer langsamen Einleitung versah (KV 444) oder ob er in einem Violinkonzert Giovanni Battista Viottis Trompeten- und Paukenstimmen ergänzte (KV 470a) – Bearbeitungen gehörten für ihn wie für jeden anderen Komponisten des späten 18. Jahrhunderts zum musikalischen Alltag.

Georg Friedrich Händels *Messias*, bearbeitet von W. A. Mozart KV 572 (Sir Charles Mackerras: Symphonieorchester und Chor des ORF, Edith Mathis, Birgit Finnilä, Peter Schreier, Theo Adam – 2 CD Deutsche Grammophon 427 173-2)

Niemetschek, Nissen, Nottebohm und andere

Nach dem kurzen *Nekrolog* (1794) von Friedrich Schlichtegroll beginnt die lange Liste der Mozart-Biographien eigentlich mit einem 1797 in Prag veröffentlichten Bändchen *Mozarts Biographie in musikalischer Hinsicht von N****. Hinter dem Namenssigel verbarg sich der Prager Universitätsprofessor und Literaturkritiker Franz Xaver Niemetschek, der mit Mozart und seiner Familie gut genug bekannt war, daß seine Schrift als Quelle aus erster Hand gelten kann. 1798 erschien das (jetzt namentlich gezeichnete) Buch als *Leben des K. K. Capellmeisters Wolfgang Gottlieb Mozart nach Originalquellen*, zehn Jahre später kam eine »zweite vermehrte Auflage« heraus.

Ende 1797 lernte die inzwischen 35jährige Konstanze Mozart in Wien den ein Jahr älteren Legationssekretär der dänischen Gesandtschaft kennen,

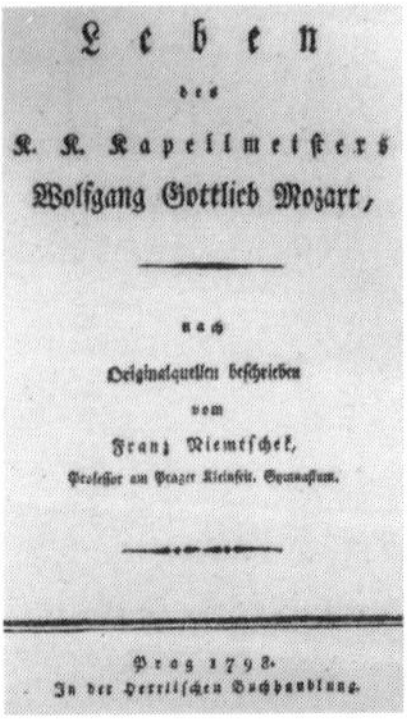
Leben
des
K. K. Kapellmeisters
Wolfgang Gottlieb Mozart,
nach
Originalquellen beschrieben
vom
Franz Niemtschek,
Professor am Prager Kleinseit. Gymnasium.
Prag 1798.
In der Herrlischen Buchhandlung.

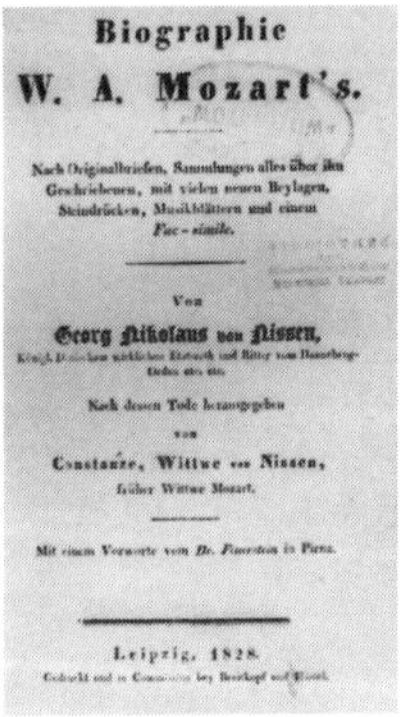
Biographie
W. A. Mozart's.
Nach Originalbriefen, Sammlungen alles über ihn Geschriebenen, mit vielen neuen Beylagen, Steindrücken, Musikblättern und einem Fac-simile.
Von
Georg Nikolaus von Nissen,
Nach dessen Tode herausgegeben
von
Constanze, Wittwe von Nissen,
früher Wittwe Mozart.
Leipzig, 1828.

Die ersten Mozart-Biographien

Georg Nikolaus Nissen (1761–1826). Bereits im September 1798 zog sie zu ihm, am 26. Juni 1809 wurde sie mit ihm in zweiter Ehe im Preßburger Dom getraut. Seit 1798 beriet und unterstützte Nissen Konstanze in allen geschäftlichen, den Nachlaß Mozarts betreffenden Fragen, vor allem bei den Verhandlungen mit den Verlagen Johann André und Breitkopf & Härtel. Aus der Fülle des Materials, das sie gemeinsam sichteten, entstand schließlich Nissens (postum 1828 in Leipzig veröffentlichte) *Biographie W. A. Mozart's, [...] herausgegeben von Constanze, Wittwe von Nissen, früher Wittwe Mozart.* Ebenso wie Niemetscheks Buch stellt auch Nissens Biographie eine Quelle aus erster Hand dar, auch wenn manche Anekdote sich vielleicht nicht ganz genau so zugetragen hat, wie Konstanze sie in Erinnerung hatte.

Zwei weitere wichtige Mozart-Quellen des 19. Jahrhunderts waren Otto Jahns vierbändige große Monographie (1856–59) und die *Mozartiana* (1880) des Musikforschers Gustav Nottebohm.

Im 20. Jahrhundert waren es vor allem vier Bücher, die das Mozart-Bild entscheidend geprägt haben: Die – leider nie ins Deutsche übersetzte – Studie *Wolfgang Amédée Mozart. Sa Vie musicale et Son Œuvre* (1912–1946) von Théodore de Wyzewa und Georges de Saint-Foix, die *Mozart*-Biographie (1953) von Alfred Einstein, das (seinerzeit hoch gerühmte, inzwischen zu Recht meist eher kritisch beurteilte) *Mozart*-Buch (1977) von Wolfgang Hildesheimer und Volkmar Braunbehrens' *Mozart in Wien* (1986) – meiner Meinung nach eines der besten und innovativsten Bücher, die in den letzten Jahren zu Mozart erschienen sind.

Mozart, Maria Anna Walburga (Nannerl)

Mozarts Schwester wurde am 30. Juli 1751 um Mitternacht in Salzburg geboren und war also viereinhalb Jahre älter als Wolfgang. Leopold Mozart scheint für seine Tochter zunächst keine Wunderkind-Karriere im Auge gehabt zu haben; Nannerl, wie sie zu Hause gerufen wurde, war bereits sieben, als »der Vatter anfieng [sie] auf dem Clavier zu unterweisen« – und von Anfang an war es der erst dreijährige Wolfgang, der seiner Schwester gewissermaßen »die Schau stahl«: »In vierten Jahr seines Alters, fieng sein Vatter so zu sagen spielend an ihm auf dem Clavier einige Menuet und Stücke zu lehren.« Das Notenbuch, das Leopold für seine Tochter angelegt hat, beginnt mit 19 Menuetten verschiedener Meister; und auch die ersten erhaltenen Werke ihres Bruders – ein Andante und zwei Allegri für Klavier (KV 1a, 1b & 1c) – finden sich in Nannerls Notenbuch: »Des Wolfgangerls Compositiones in den ersten 3 Monat nach seinem 5ten Jahre«. Nannerl ihrerseits scheint nie den Drang zum Komponieren gehabt zu haben.

Nichts wäre natürlicher, als daß sie auf ihren Bruder eifersüchtig gewesen wäre; und es spricht sehr für die Erziehung, die Leopold und seine Frau ihren Kindern angedeihen ließen, daß es dergleichen offenbar nie gegeben hat. Trotz Wolfgangs offenkundig größerer Begabung waren und blieben die Geschwister in ihrer Kindheit und Jugend einander herzlich zugetan.

Die ersten vier Reisen (zwischen 1762 und 1769) unternahmen Wolfgang und Nannerl gemeinsam, und sie wurden auch gemeinsam »vorgeführt« – wobei Nannerls Klavierspiel immer wieder hoch gelobt wurde: »ein Mädgen von 11 Jahren [...], das die schweresten Sonaten und Concert der grösten Meister auf dem Clavessin oder Flügel auf das Deutlichste, mit einer kaum glaublichen Leichtigkeit fertiget und nach dem besten Geschmack wegspielt.«

Doch mit der Rückkehr aus Wien am 5. Januar 1769 scheint Nannerls Karriere als reisende Virtuosin beendet; mit 17 war sie zu alt, um noch als »Wunderkind« aufzutreten, und gegen Wolfgangs einzigartiges Genie hatte sie keine Chance. Sie trat zwar weiterhin im Umfeld des Salzburger Hofes auf – so am 3. September 1780 mit Wolfgang in dem für sie beide komponierten Doppelkonzert Es-Dur (KV 365) für zwei Klaviere –, aber im wesentlichen lebte sie vom Unterrichten und führte ihrem Vater den Haushalt. In ihrer Abneigung gegen Konstanze waren sich Leopold und seine Tochter einig, was ab 1782 zu einer deutlichen Abkühlung im Verhältnis zwischen Wolfgang und Nannerl führte.

Nach zwei unglücklichen Liebesaffären heiratete Nannerl am 23. August 1784 den Sankt Gilgener Gerichtspfleger und Hofrat Johann Baptist von Berchtold zu Sonnenburg. Von ihren drei Kindern blieb nur eines am Leben. 1801 verwitwet, starb sie am 29. Oktober 1829 in Salzburg.

- Konzert Es-Dur für zwei Klaviere und Orchester KV 365 (Clara Haskil, Géza Anda, Philharmonia Orchestra: Alceo Galliera – CD EMI 7 63492 2)

Mannheim

»Sein Forte ist ein Donner, sein Crescendo ein Katarakt, sein Diminuendo ein in die Ferne hinplätschender Krystallfluß, sein Piano ein Frühlingshauch.« Christian Friedrich Daniel Schubarts Beschreibung der Mannheimer Hofkapelle des Kurfürsten Karl Theodor von der Pfalz ist eines von vielen Zeugnissen, die den außergewöhnlichen Stand und Rang jenes Orchesters belegen, das in der zweiten Hälfte des 18. Jahrhunderts in ganz Europa nicht seinesgleichen hatte. Kein Wunder, daß Mozart in den viereinhalb Monaten, die er auf seiner Reise nach Paris vom 30. Oktober 1777 bis zum 14. März 1778 in Mannheim verbrachte, alles unternahm, um eine feste Anstellung in der Hofkapelle zu erlangen.

Sein wichtigster Fürsprecher sollte der Hofkapellmeister Johann Christian Cannabich sein. »er war ungemein höflich. [...] wir sind miteinander in die Probe gegangen. ich habe geglaubt ich kan das lachen nicht enthalten, wenn man mich den leüten vorgestellt hat. einige, die mich per Renomé gekant haben, waren sehr höflich, und voll achtung. einige aber, die weiter nichts von mir wissen, haben mich gros angesehen, aber auch so gewis lächerlich. sie dencken sich halt, weil ich klein und jung bin, so kann nichts grosses und altes hinter mir stecken; sie werden es aber bald erfahren.« Cannabich gab zwar vor, Mozarts Angelegenheiten in Mannheim zu betreiben – »der C:fürst könnte sie ja zum kammerCompositeur machen. warten sie, ich werde mit dem grafen [Louis Aurel Savioli, dem Intendanten der Hofmusik] darüber sprechen« –, aber insgeheim wird er sich wohl gehütet haben, einem solchen Konkurrenten neben sich Platz zu schaffen.

Überhaupt schuf die Begegnung des selbstbewußten 21jährigen Salzburgers mit den nicht weniger selbstbewußten, wenn nicht arroganten Musikern der Mannheimer Hofkapelle von Anfang an eine Situation, die zu keinem glücklichen Ende kommen konnte. Mozart erteilte Cannabichs Tochter Rose Klavierunterricht und komponierte eine Sonate für sie (C-Dur KV 309), gab mehrere Konzerte bei Hofe, wurde überall höflich und respektvoll empfangen – und immer wieder hingehalten, wenn es um die Frage einer Anstellung ging.

Wäre er in Mannheim glücklicher gewesen als in Salzburg? Von der Qualität der Hofmusik her sicherlich; aber was den Stil der »Mannheimer Schule« betraf, so wird er wohl das kritische Urteil seines Vaters geteilt haben: »Die Manheimer Compositionen haben mir, die Wahrheit zu gestehen, niemals gefahlen, das orchester ist gut, – stark – aber ihr gusto ist nicht der feine wahre rührende geschmack.« Und wenn auch die Schwester Nannerl über die Sonate für Rose Cannabich schreibt, »man kennet es, das du sie in Manheim componirt hast«, ist sie doch nach Leopolds Meinung unverkennbar »mozartisch«: »Sie hat was vom *vermanierierten* Manheimmer goût darinne, doch nur so wenig, daß deine gute Art nicht dadurch verdorben wird.«

Die Klaviersonaten (Lili Kraus – 5 CD Music and Arts CD-1001)

Lieder, Notturni und Kanons

Die 35 Lieder, neun mehrstimmigen Gesänge und 31 Kanons in Mozarts Œuvre sind ein lebendiger Spiegel seines, wenn man so will, »privaten« Musiklebens: Freundschaftsgaben (wie die beiden französischen Arietten (KV 307 & 308) für Auguste Wendling, die Tochter des Mannheimer Hofflötisten), kleine unterhaltsame Terzette zur Aufführung im geselligen Freundeskreis (wie die Notturni KV 346 & 436–439), kontrapunktische Studien und Handgelenksübungen (wie die 1770 in Rom entstandenen Kanons KV 73i, 73r & 89 oder die zehn *Canoni* KV 553–562, die Mozart am 2. September 1788 in sein Werkverzeichnis eingetragen hat).

Am berühmtesten sind jene Scherzkanons geworden, deren (von Mozart selbst verfaßte) Originaltexte zum Teil so ordinär waren, daß sie – wohl auf Konstanzes Drängen hin – in den Erstausgaben des Verlags Breitkopf & Härtel durch neue, harmlose Textkontrafakte ersetzt wurden: So wurde aus *Leck mich im Arsch* (KV 231) »Laßt froh uns sein«, aus *Leck mir den Arsch fein recht schön sauber* (KV 233) »Nichts labt mich mehr als Wein«.

Über Mozarts groben, oft skatologischen Humor an anderer Stelle mehr.

»Mozart hat auf seine Lieder nicht den geringsten Wert gelegt«, behauptet Alfred Einstein: »Sie waren Nebenprodukte, Paralipomena, Abfall seiner Opern- und Instrumentalkompositionen.« Dennoch ragen einige der Werke hoch über den (damals noch üblichen) Standard des Generalbaßlieds hinaus, wie es Johann Abraham Peter Schulz oder Johann Adam Hiller vertraten. Vor allem die Lieder, die Mozart im Mai und Juni 1785 vertont hat – darunter als berühmtestes Johann Wolfgang von Goethes *Veilchen* (KV 476) –, und die zwei Jahre später entstandenen Lieder (KV 517–520, 523 & 524) zeigen eine wahre Meisterschaft im Umgang mit dem Text; sie sind zum Teil keine Strophenlieder mehr, sondern durchkomponierte kleine Szenen, die durchaus ihre Nähe zu *Le nozze di Figaro* und *Don Giovanni* verraten. Auch autobiographische Aspekte mögen dabei im Spiel gewesen sein, fallen doch zum Beispiel die Lieder *Als Luise die Briefe ihres ungetreuen Liebhabers verbrannte* (KV 520) und *Das Lied der Trennung* (KV 519) in jene Zeit Ende Mai 1787, als Mozarts kurze und heftige Affäre mit der Sängerin Nancy Storace endete: »Die Engel Gottes weinen, wo Liebende sich trennen« …

Einige seiner Lieder hat Mozart sogar selbst noch in Druck gegeben, und die Ausgaben fanden durchaus Beachtung: »Möchten doch solche Lieder als Muster eines guten Gesanges und einer reinen Harmonie von vielen angehenden Liederkomponisten studirt werden.« Bezeichnend ist auch, daß nicht weniger als 50 Mozart zugeschriebene Lieder sich im nachhinein als gefälschte oder unterschobene Werke erwiesen haben – so auch das berühmte Wiegenlied *Schlafe, mein Prinzchen* (KV 350), das von einem Komponisten namens Bernhard Flies stammt.

- *Lieder und Notturni* (Elly Ameling, Elisabeth Cooymans, Sopran; Peter van der Bilt, Bariton; Dalton Baldwin, Klavier – 2 CD Philips 422 524-2)

Kompositionsweise

»ich bin vergnügter, weil ich zu Componiern habe, welches doch meine einzige freüde und Paßion ist.« – »ich darf und kann mein Talent im Componiren, welches mir der gütige Gott so reichlich gegeben hat | ich darf ohne hochmuth so sagen, denn ich fühle es nun mehr als jemals | nicht so vergraben.« Nur der geradezu besessene Drang zum Komponieren, der aus diesen Briefzitaten spricht, vermag wohl die Fülle an Musik zu erklären, die Mozart in den 31 Jahren seines schöpferischen Lebens (zwischen 1761 und 1791) zu Notenpapier gebracht hat.

»Von seiner Kindheit an spielte und componirte er an liebsten bey der Nacht und in der frühe«, berichtet Mozarts Schwester Nannerl. »früh von 6 uhr oder 7 uhr an bis 10 uhr componirte er und meistens in bette.« In Wien waren es dann überwiegend die Abend- und Nachtstunden, in denen er komponierte: »abends ist mir doch allzeit die liebste Zeit Zum Arbeiten.« – »sie wissen daß ich mich gemeiniglich hunrig schreibe.« Wobei oft genug andere Verpflichtungen anstanden: »da ich mich [...] auf das abend schreiben nicht verlassen kann, so pflege ich |: besonders wenn ich früher Nach haus komme :| Noch vor dem schlaffen gehen etwas zu schreiben. – da verschreibe ich mich öfters bis 1 uhr – und dann wieder um 6 uhr auf. –«

Mozart konnte offenbar überall komponieren: zu Hause, im Wirtshaus, in der Kutsche, beim Kegel- oder Billardspiel; ein Instrument brauchte er nicht, wie Konstanze berichtet hat: »Wenn irgendeine große Konzeption in seinem Geiste entstand, war er völlig wie abwesend, ging in seiner Wohnung auf und nieder und wußte nicht, was um ihn her vorging. Sobald aber in seinem Kopfe alles fertig war, brauchte er kein Pianoforte, sondern nahm Tinte und Papier.« Das heißt, der eigentliche Kompositionsprozeß war im Kopf abgeschlossen, bevor er noch die erste Note schrieb: »komponirt ist schon alles – aber geschrieben noch nicht«, schreibt Mozart dem Vater über eine *Idomeneo*-Arie; und zwei Arien und das Terzett aus der *Entführung aus dem Serail* habe er »in einem Tage Componirt – und in anderthalb tägen geschrieben«.

»und ich – der nun immer zu Componiren habe, brauche einen heitern Kopf und ruhiges gemüth«, heißt es in einem anderen Brief an den Vater, und daß »ich aber gerne langsam und mit überlegung arbeite«. Meistens hat Mozart aber wohl sehr schnell komponiert, »über hals und kopf« und unter Zeitdruck. Dabei war ihm sein phänomenales musikalisches Gedächtnis eine große Hilfe, indem er etwa bei Werken, die für den eigenen Vortrag bestimmt waren, den Klavierpart oft nur skizzierte, um ihn dann im Konzert aus dem Kopf auszuführen; ein solches Beispiel ist etwa das Larghetto des Klavierkonzerts D-Dur (KV 537), dessen Solopart über weite Strecken lediglich angedeutet ist. Überhaupt galt Mozart als genialer Improvisator, und viele seiner Klavierwerke – vor allem Variationen – gehen nachweislich auf Stegreif-Improvisationen zurück.

- *Sämtliche Klavierwerke* (Walter Gieseking – 8 CD EMI 7 63688 2)

Jugend

So tief und heftig in späteren Jahren die Konflikte waren, die Mozart mit seinem Vater austrug – in seiner Kindheit und Jugend scheint er überaus brav und gefügig gewesen zu sein, wenn man den Erinnerungen seiner Schwester Nannerl glauben darf: »so war es als Kinde niemahlen stützig [widerspenstig] wenn ihm sein Vatter etwas befahl, er spielte alzeit willig wenn jemand kam ihn zu hören. er war als Kinde und so lange er unter der aufsicht seines Vatters ware, so folgsam, daß er jedem winke seines Vatters verstand und gleich befolgte. [...] er getrauete sich ohne Erlaubniß seiner Eltern nicht das mindeste zu essen noch anzunehmen wenn ihm jemand was schenken wollte.«

Der entscheidende Satz in diesem Bericht ist wohl »so lange er unter der aufsicht seines Vatters ware«; nur der gestrengen Überwachung Leopolds war es zu danken, daß Wolfgang in seiner Jugend nicht »über die Stränge schlug«. Von Johann Andreas Schachtner zum Beispiel, der den kleinen Wunderknaben bestens kannte, gibt es die merkwürdige Aussage: »ich denke, dass er im Ermangelungs Falle einer so vortheilhaft guten Erziehung, wie er hatte, der ruchloseste Böswicht hätte werden können.«

Viele Biographen haben Leopold Mozart die »Dressur« vorgeworfen, der er seine beiden Kinder unterzogen hat: »Sie wissen daß meine Kinder zur arbeit gewohnt sind: sollten sie aus Entschuldigung daß eines das andre verhindert sich an müssige

Stunden gewöhnen, so würde mein ganzes gebäude über den Haufen fallen.« Es ist kaum vorstellbar, daß Wolfgang nicht gegen die rigide väterliche Disziplin aufbegehrt hat, der er bis zu seinem 21. Lebensjahr tagtäglich unterworfen war. Hat er wirklich nur innerlich revoltiert und ist nach außen hin immer »so folgsam« gewesen, wie Nannerl schreibt? Wie ist er mit seiner Pubertät umgegangen: Hat es auf den Italienreisen irgendwelche Verliebtheiten oder sogar amouröse Abenteuer gegeben, oder ist Mozarts Sexualität tatsächlich erst durch die Begegnung mit seiner zweieinhalb Jahre jüngeren Cousine Maria Anna Thekla erwacht – dem »Bäsle« –, die er im Herbst 1777 in Augsburg trifft? Sind die erotischen Eskapaden dieser ersten Reise, die Mozart ohne den Vater unternimmt, das Ventil, durch das sich eine lange unterdrückte Selbstfindung Luft verschafft? Als es im Juli 1781 um seine Beziehung zu Konstanze Weber geht, weist Mozart dem Vater gegenüber alle ernsthaften Absichten weit von sich: »gott hat mir mein Talent nicht gegeben, damit ich es an eine frau henke, und damit mein Junges leben in unthätigkeit dahin lebe. [...] – ich habe gewis nichts über den Ehestand, aber für mich wäre es dermalen ein übel. – [...] wenn ich die alle heyrathen müsste, mit den ich gespasst habe, so müsste ich leicht 200 frauen haben.«

Mozarts Jugend bleibt rätselhaft, was seine innere Befindlichkeit betrifft.

Innenleben

Vieles, was in Biographien über Mozarts Innenleben zu lesen ist, stützt sich auf seinen Briefwechsel mit dem Vater. Gerade deshalb sollte man freilich vorsichtig damit sein, diese Äußerungen für bare Münze zu nehmen; in vieler Hinsicht dürfte Mozart dem Vater »nach dem Munde« geschrieben und seine eigenen, ehrlichen Gedanken verborgen haben, um Konflikte zu vermeiden. So will zum Beispiel seine Nähe zu den Wiener Freimaurer- und Illuminatenkreisen schlecht zu dem abfälligen Urteil passen, das er 1778 in einem Brief an Leopold über den Tod Voltaires fällt: »daß nehmlich der gottlose und Erz-spizbub voltaire so zu sagen wie ein hund – wie ein vieh crepirt ist – das ist der lohn!« Immerhin gehörte der Baron Friedrich Melchior von Grimm – Mitherausgeber der *Correspondance littéraire* und einer der Köpfe der Aufklärung in Paris – damals zu Mozarts engstem Umgang.

Ähnlich ungewiß wie Mozarts tatsächliche Meinung über die Aufklärungsphilosophie im allgemeinen und Voltaire im besonderen sind auch seine politischen Ansichten. Dem Vater gegenüber gibt er sich als Patriot: »will mich Teütschland, mein geliebtes vatterland, worauf ich |: wie sie wissen :| Stolz bin, nicht aufnehmen, so muß in gottes Nammen frankreich oder England wieder um einen geschickten Teutschen Mehr reich werden; – und das zur schande der teutschen Nation. – sie wissen wohl daß fast in allen künsten immer die Teutschen dieJenigen waren, welche Excellirten –« Aber war er, der sich später einmal einen »erzEngelländer« nannte und zeitweise mit dem Gedanken spielte, für längere Zeit oder sogar für immer nach London zu übersiedeln, wirklich ein so überzeugter Deutscher …? Wahrscheinlich war Mozart letztendlich ein unpolitischer Mensch, sofern ihn Kriege und Regierungswechsel nicht unmittelbar betrafen.

Auch seine Religiosität, die in so vielen seiner Briefe zur Sprache kommt, versteckt sich oft hinter Formeln und Floskeln und bleibt dadurch irgendwie ungreifbar. Selbst der vielzitierte Brief an den Vater vom 4. April 1787 wirkt eher wie ein »einstudierter« Predigttext im Geiste Moses Mendelssohns als wie ein echtes Seelenbekenntnis: »da der Tod |: genau zu nemmen :| der wahre Endzweck unsers lebens ist, so habe ich mich seit ein Paar Jahren mit diesem wahren, besten freunde des Menschen so bekannt gemacht, daß sein Bild nicht allein nichts schreckendes mehr für mich hat, sondern recht viel beruhigendes und tröstendes! und ich danke meinem gott, daß er mir das glück gegönnt hat mir die gelegenheit |: sie verstehen mich :| zu verschaffen, ihn als den *schlüssel* zu unserer wahren Glückseeligkeit kennen zu lernen. – ich lege mich nie zu bette ohne zu bedenken, daß ich vielleicht |: so Jung als ich bin :| den andern Tag nicht mehr seyn werde.«

Humor

Spätestens seit Miloš Formans *Amadeus*-Film ist das Bild eines zotenreißenden, furzenden, laut und grell kichernden Mozart in den Köpfen verankert: das »von den Göttern geliebte« Genie als überdrehter und ungezogen-derber Spaßvogel. So empört manch ein Verehrer des Komponisten damals vielleicht gewesen sein mag – seine Briefe und die Berichte seiner Zeitgenossen bestätigen reichlich Mozarts »Späße an der Grenze von zügelloser Verbalerotik zum ordinär Animalischen, dort, wo seine lebhafte Phantasie sich im Primitiven austobte« (Bernhard Paumgartner). Dabei lag etwa Mozarts Lust an der Fäkalsprache durchaus in der Familie; auch in Vater Leopolds Korrespondenz gibt es entsprechende Passagen, wenn auch längst nicht so ausführlich und ungeniert wie in Wolfgangs oft zitierten »Bäsle«-Briefen:

»ach Mein *arsch* brennt mich wie feüer! was muß das nicht bedeüten! – – vielleicht will *dreck* heraus? – ja ja, *dreck, ich* kenne dich, sehe dich, und schmecke dich – – und – – was ist das? – – ists möglich! – – ihr götter! – – Mein *ohr*, betrügst du mich nicht? – – Nein, es ist schon so – – welch langer, trauriger ton!«

»ich scheisse schon wircklich bald 22 jahr aus den nemlichen loch, und ist doch noch nicht verissen! – und hab schon so oft geschissen – – und mit den Zähnen den dreck ab-bissen.«

»ich muß halt immer einen Narren haben«, gesteht Mozart noch 1791 in einem Brief an seine

Frau; und wenn es nicht das »Bäsle« war, dann eben sein Schüler Franz Jakob Freystädtler, dem er ebenso einen Scherzkanon (*Lieber Freistädtler, lieber Gaulimauli* KV 232) gewidmet hat wie dem Tenor Johann Nepomuk Peierl (*Difficile lectu mihi Mars* und *O du eselhafter Peierl* KV 559 & 559a). Und auch der berühmte Kanon *Bona nox, bist a rechta Ox* (KV 561) beweist hinlänglich, daß Mozart nicht nur seiner Cousine empfahl: »scheiß ins Bett, daß' kracht; gute Nacht, schlaff fei g'sund und reck' den Arsch zum Mund.«

Daß es mit Worten nicht getan war, weiß man zum Beispiel aus den Erinnerungen von Karoline Pichler: Mozart »begann so wunderschön aus dem Stegreife zu variieren, daß Alles mit angehaltenem Atem den Tönen des deutschen Orpheus lauschte. Auf einmal aber ward ihm das Ding zuwider, er fuhr auf und begann in seiner närrischen Laune, wie er es öfters machte, über Tisch und Sessel zu springen, wie eine Katze zu miauen, und wie ein ausgelassener Junge Purzelbäume zu schlagen ...«

Auch das mag ein notwendiges Ventil gewesen sein, um dem übergroßen kreativen Druck Ausgleich zu schaffen; im übrigen bleiben Mozarts Späße kurze, flüchtige Ausbrüche: »ich bin gern lustig, aber seyen sie versichert, dass ich trotz einem jeden Ernsthaft seyn kan.«

Der heitere Mozart (Erich Keller: Convivium Musicum München, Wiener Akademie Kammerchor, Erika Köth, Peter Schreier, Hermann Prey, Walter Berry – CD EMI 7 69813 2)

Gedenkstätten

Folgt man der Biographie und Chronologie, so wäre die erste Gedenkstätte das Haus in der Frauentorstraße 30 in der nördlichen Augsburger Altstadt, in dem Vater Leopold geboren wurde und in dem heute ein kleines Museum an die Geschichte der Familie Mozart erinnert. Auch in Sankt Gilgen – dem Geburtsort der Mutter – gibt es, außer einem »Mozart-Brunnen« – eine Gedenkstätte, die im ehemaligen Bezirksgericht untergebracht ist.

Mozarts Geburtshaus in der Salzburger Getreidegasse 9 ist nicht zu übersehen. Gleich nach ihrer Trauung hatten die Eltern Ende 1747 oder Anfang 1748 die Wohnung im dritten Stock des Hauses bezogen, das dem Spezereiwarenhändler Lorenz Hagenauer gehörte. Die Mozarts blieben hier bis zum März 1773 und zogen dann in das sogenannte »Tanzmeisterhaus« am Hannibalplatz (heute Makartplatz 8) gegenüber dem Theater um, in eine deutlich größere Wohnung; von hier brach Wolfgang am 5. November 1780 zu seiner Reise nach München auf, von der er nicht mehr nach Salzburg zurückkehren sollte. Auf dem Sebastianfriedhof liegen auch die Gräber von Leopold und Konstanze.

Von den elf Wiener Wohnstätten Mozarts ist nur eine einzige erhalten geblieben: die große und geradezu herrschaftliche Wohnung im ersten Stock des »Camesina-Hauses« in der Großen Schulerstraße, wo er vom 29. September 1784 bis zum 24. April 1787 lebte; im (heute so genannten) »Figaro-Haus«

in der Domgasse 5, gleich hinter dem Stephansdom, ist heute ein Museum untergebracht.

Auch in Prag gibt es seit 1956 – dem 200. Geburtsjahr des Komponisten – eine Mozart-Gedenkstätte: Die Villa Bertramka im Stadtteil Smíchov – das Haus der Sängerin Josepha Duschek und ihres Mannes Franz Xaver, in dem Mozart im Herbst 1787 den *Don Giovanni* vollendete.

1788 bezogen die Mozarts das Gartenhaus des Hauses »Zu den drei Sternen« in der Wiener Alser-Vorstadt 135. »und muß ich *geschäfte halber* in die stadt, welches ohnehin selten genug geschehen wird, so führt mich Jeder fiacre um 10 x: [Kreuzer] hinein, um das ist auch das logis wohlfeiler, und wegen frühJahr, Sommer, und Herbst, *angenehmer* – da ich auch einen garten habe.« Die heutige Adresse des Hauses, in dem als erstes Werk das Klaviertrio E-Dur (KV 542) entstand, ist Währinger Straße 26; eine Gedenktafel erinnert an den berühmten Mieter, obgleich Mozart hier nur ein halbes Jahr blieb. Von der Alser-Vorstadt ging es zurück ins Zentrum – in die Judengasse 4 – und schließlich (am 29. September 1790) in eine Wohnung im ersten Stock des Hauses Rauhensteingasse 8, die ähnlich großzügig war wie die in der Großen Schulerstraße. Dieses Haus, in dem Mozart auch gestorben ist, existiert nicht mehr.

Auf dem St.-Marx-Friedhof in der Leberstraße 6–8 wurde die mutmaßliche Grabstelle Mozarts großräumig freigelegt. Ein Säulentorso und ein trauernder Engel schmücken heute den Platz.

Die Klaviertrios (Lili Kraus, Klavier; Willi Boskovsky, Violine; Nikolaus Hübner, Violoncello – 2 CD EMI 7 69796 2)

Fragmente

In Mozarts Œuvre finden sich rund 150 Fragmente, von einem 38taktigen Andante B-Dur für Klavier (KV 5b) des Siebenjährigen bis zum unvollendeten *Requiem*. Manche von ihnen waren so weit gediehen, daß sie schon bald nach Mozarts Tod ergänzt wurden, um gedruckt oder aufgeführt werden zu können. Neben Mozarts Schüler Franz Xaver Süßmayr, der das *Requiem* und ein frühes Kyrie D-Dur (KV 91) vollendet hat, spielte hier vor allem der Benediktinerabbé Maximilian Stadler eine wichtige Rolle, der Georg Nikolaus Nissen und Konstanze seit 1798 bei der Sichtung des Mozart-Nachlasses half und sich dabei vor allem um die Fragmente kümmerte; zwölf von ihnen hat Stadler – sehr geschickt und unaufdringlich – ergänzt, darunter einen Sonatensatz c-Moll für Violine und Klavier (KV 396), den er (wegen der in weiten Teilen fehlenden Violinstimme) zu einer eindrucksvollen Klavierfantasie umschrieb. Auch in jüngerer Zeit hat es immer wieder Ergänzungs- und Rekonstruktionsversuche gegeben, etwa durch den Engländer Philip Wilby.

Die Frage, ob (und in welchen Fällen) es überhaupt zulässig, sinnvoll und möglich ist, Mozarts Fragmente zu ergänzen, ist das eine. Ein anderes ist, daß diese Fragmente einen faszinierenden Blick in Mozarts Kompositionswerkstatt erlauben. Vor allem da, wo im Umfeld vollendeter Werke verschiedene Fragmente und Skizzen existieren, läßt sich durch sie oft der Weg von der Idee zur fertigen Komposition verfolgen; das gilt etwa für die Fragmente zu den späten Streichquintetten und zum Klarinettenquintett, aber auch für die fünf fragmentarischen Klavierkonzertsätze (KV 488a–d & 491a), die mutmaßlich zu den Konzerten A-Dur und c-Moll (KV 488 & 491) gehören. Interessant ist, daß die Notenhandschrift vieler Fragmente nichts explizit Flüchtiges, Skizzenhaftes hat: Mozart scheint sie mit derselben leichten und sicheren Hand zu Papier gebracht zu haben wie seine vollendeten Kompositionen – bis der Notentext plötzlich abbricht. Oft sind nur die Partien der ersten Violine und des Basses ausgeführt: Ober- und Unterstimme bildeten offenbar Mozarts kompositorisches Gerüst.

Die Frage, weshalb Mozart die jeweiligen Fragmente nicht fortgeführt und vollendet hat, läßt sich meist nur schwer beantworten. So gibt es zum Beispiel aus der Salzburger Zeit auffällig viele Kyrie-Fragmente (KV 91, 166f, 166g, 196a, 258a, 323 & 422a): Sind sie vielleicht ein Beweis für Mozarts Unlust, den fürsterzbischöflichen Meß- und Dienstpflichten nachzukommen ...? Im Fall zweier in Mannheim entstandener Kyrie-Fragmente (KV 322 & 296b) dagegen weiß man, daß Mozart sie zur Seite gelegt hat, weil Karl Theodor von der Pfalz nach München gereist war, um dort die Nachfolge des bayerischen Kurfürsten anzutreten: »wenn nur der Churfürst hier wäre, so machete ich geschwind die Messe aus. was aber nicht ist, das ist nicht.«

Fantasie c-Moll KV 396 (Glenn Gould – CD Music & Arts 617)

Die Fragmente für Klavier, für zwei Klaviere und für Klavier zu vier Händen (Duo Crommelynck – CD Claves 50-9109)

Filme

Den Anfang macht ausgerechnet ein Franzose: In dem 15minütigen Stummfilm *La Mort de Mozart* (1909) von Louis Feuillade betritt Mozart erstmals die Filmgeschichte. Seither sind so viele Mozart-Filme entstanden, daß man ihnen gut und gerne ein eigenes Buch widmen könnte; daher hier nur eine kleine Auswahl.

Der erste österreichische Spielfilm *Mozarts Leben, Lieben und Leiden* (1921) von Otto Kreisler und Karl Toma war gleichfalls noch ein Stummfilm, mit Josef Zetenius in der Titelrolle; den ersten Mozart-Tonfilm drehte 1936 der Engländer Basil Dean (mit Stephen Haggard als Mozart): *Whom the Gods Love*; für die Musik zeichnete kein geringerer als Sir Thomas Beecham mit dem London Symphony Orchestra verantwortlich. Trotz des gleichen Titels hat dieser Film nichts mit Karl Hartls »Mozart-Schinken« *Wen die Götter lieben* (1942) zu tun, in dem Hans Holt die Rolle des Komponisten übernahm. Immerhin war der Film so erfolgreich, daß er 1948 unter dem Titel *The Mozart Story* ein Remake in den USA erlebte – wieder mit Holt, diesmal aber unter der Regie von Frank Wisbar. Zwischen diesen Filmen liegen noch *Eine kleine Nachtmusik* (1939, mit Hannes Stelzer) von Leopold Hainisch und die italienische Produktion *Melodie eterne* (1940, mit Gino Cervi) von Carmine Gallone.

Hartl blieb auch nach dem Krieg seiner Linie treu und schuf 1955 eine der populärsten und kitschigsten Filmbiographien: *Reich mir die Hand, mein Le-*

»Reich mir die Hand, mein Leben«: Johanna Matz und Oskar Werner

ben (mit Oskar Werner). Mit ganz neuen cinematographischen Mitteln (und vom »klassischen« Kinopublikum entsprechend wenig bemerkt) arbeiten die Filme *Das Leben Mozarts* (1967, von Hans Conrad Fischer), *Mozart – Aufzeichnungen einer Jugend* (1967, von Klaus Kirschner) und *Mozart in Love* (1975, von Mark Rappaport) die Biographie des Komponisten auf.

In den achtziger Jahren gab es dann einen wahren »Mozart-Boom« – angefangen von dem eindrucksvollen französischen Fernsehmehrteiler (1982, mit Christoph Bantzer) von Marcel Bluwal über den italienischen Film *Noi tre* (1984, mit Christopher Davidson) von Pupi Avati, der Mozarts Aufenthalt in Bologna nacherzählt, hin zu Miloš Formans *Amadeus* (1984, mit Tom Hulce) und der deutschen Produktion *Vergeßt Mozart* (1985, mit Max Tidof) von Slavo Luther, der die Spekulationen über Mozarts Tod thematisiert.

Im Januar 2005 kam als vorerst letzter Mozart-Film Kurt Palms *Der Wadenmesser, oder Das wilde Leben des Wolfgang Mozart* heraus – ein skurril-respektloses Porträt des Komponisten als Erotomane. Was das »Mozart-Jahr« 2006 bringt, wird sich zeigen.

Die Entführung aus dem Serail

Die Entführung aus dem Serail, Singspiel in drei Aufzügen, nach einem Text von Christoph Friedrich Bretzner in der Bearbeitung von Gottlieb Stephanie d. J.; komponiert zwischen dem 30. Juli 1781 und dem 29. Mai 1782, uraufgeführt am 16. Juli 1782 in Wien.

Die Idee zu einem deutschen Singspiel beschäftigte Mozart schon im Herbst 1777 in München. Hier wurde nichts daraus – aber vielleicht in Wien? »Ich weis | ganz gewis | das der kaiser in sinn hat in wien eine teutsche opera aufzurichten«, schreibt Mozart im Januar 1778 an seinen Vater. Das ziemlich weit gediehene Singspielfragment *Zaide* (KV 344, nach Johann Andreas Schachtners *Das Serail*) war wohl bereits für Wien gedacht, doch »wegen dem schachtner seiner operette ist es nichts«, berichtet Mozart am 18. April 1781; aber »der Junge Stephani wird mir ein Neues stück, und wie er sagt, gutes stück, geben« – eben das Libretto zur *Entführung*.

Von Anfang an ist Mozart Feuer und Flamme für den Stoff und das Buch, und so detailliert wie sonst nie unterrichtet er seinen Vater über den Fortgang der Arbeit. Und wirklich wurde die Premiere – gegen alle Kabalen und Intrigen der italienischen Opernkonkurrenz – zu einem der größten Triumphe, die Mozart je erlebt hat: ein wahrer Coup de théâtre, mit dem er sich nicht allein dem Wiener Publikum empfahl, sondern auch Kaiser Joseph II., wie Franz Xaver Niemetschek erzählt:

»Der Monarch der im Grunde von der neuen tiefeindringenden Musik entzückt war, sagte doch zu Mozart: ›Gewaltig viel Noten, lieber Mozart!‹ ›Gerade so viel, Eure Majestät, als nötig ist!‹ versetzte dieser.«

Belmontes »Hier soll ich dich denn sehen« (I/1), Osmins »Wer ein Liebchen hat gefunden« (I/2), Konstanzes »Martern aller Arten« (II/11), deren Koloraturen Mozart »der geläufigen gurgel der Mad:selle Cavallieri« gleichsam »in den Hals« komponiert hat, Blondes »Welche Wonne, welche Lust« (II/12), Pedrillos »Vivat Bacchus!« (II/14) – von einer Nummer zur anderen zeigt die *Entführung* eine einzigartige Balance zwischen Komödie und Drama, zwischen buffonesker Leichtigkeit und lyrischer Innigkeit.

Um so enttäuschter dürfte Mozart gewesen sein, daß Wien offenbar keine weiteren deutschen Werke von ihm wollte: »Jede Nation hat ihre Oper – warum sollen wir Teutsche sie nicht haben? – ist die teutsche sprache nicht so gut singbar wie die französische, und Englische? – – nicht singbarer als die Russische? – Nun; – Ich schreibe izt eine teutsche opera *für mich*« – von der allerdings nur die Skizze einer Baßarie *»Männer suchen stets zu naschen«* (KV 433) fertig wurde.

Die Entführung aus dem Serail KV 384 (Christopher Hogwood: The Academy of Ancient Music Orchestra & Chorus, Lynn Dawson, Marianne Hirsti, Uwe Heilmann, Wilfried Gahmlich, Gunther von Kannen, Wolfgang Hinze – 2 CD L'Oiseau-Lyre 430 339-2)

Da Ponte, Lorenzo

Wir »haben hier einen gewissen abate da Ponte als Poeten« , schreibt Mozart am 7. Mai 1783 an den Vater; »dieser [...] muß *per obligo* ein ganz Neues büchel für dem Salieri machen [...] – dann hat er mir ein Neues zu machen versprochen; – wer weis nun ob er dann auch sein Wort halten kann – oder will! – sie wissen wohl die Herrn Italiener sind ins gesicht sehr artig! – genug, wir kennen sie!« Dieser Italiener aber hielt sein Versprechen – auch wenn die zweiaktige Opera buffa *Lo sposo deluso* (KV 430) Fragment blieb.

Da Ponte war sicher eine der schillerndsten Figuren in Mozarts Umfeld, wie es sie überhaupt wohl nur im 18. Jahrhundert geben konnte: ein ähnlicher Frauenheld und Abenteurer wie sein Freund Giacomo Casanova, ein Höfling, Opportunist und Intrigant – und zugleich ein begnadeter Librettist. Geboren wurde er 1749 als Emmanuele Conegliano in Ceneda, dem heutigen Vittorio Veneto. Er war der Sohn einer jüdischen Gerberfamilie, die 1763 zum Christentum übertrat; zu Ehren seines Paten, des Bischofs Da Ponte, nahm Emmanuele dessen Namen an, trat 1769 in das Seminar von Portogruaro ein und wurde 1772 zum Priester geweiht. Kurz darauf begab er sich nach Venedig, wo er ein derart zügelloses und ausschweifendes Leben führte, daß er (wegen Ehebruchs) Ende 1779 für 15 Jahre aus der Stadt verbannt wurde. Über mehrere Umwege gelangte Da Ponte schließlich nach Wien, wo Kaiser Joseph II. ihn (dank der Vermittlung Antonio

Salieris) 1783 zum Dichter des neugegründeten italienischen Theaters ernannte.

In dieser Zeit entstanden nicht allein seine drei Meisterlibretti zu *Le nozze di Figaro, Don Giovanni* und *Così fan tutte* (KV 492, 527 & 588) – die mit Abstand besten Textbücher, die Mozart je vertonen konnte –, sondern auch zu Opern von Salieri, Giuseppe Gazzaniga, Vincenzo Righini, Vicente Martín y Soler und anderen. Doch seine intriganten Umtriebe wurden Da Ponte zum Verhängnis: Nach dem Tod Josephs II., der immer seine schützende Hand über ihn gehalten hatte, wurde er aus dem kaiserlichen Dienst entlassen.

So begann für Da Ponte ein unstetes Wanderleben kreuz und quer durch Europa – von Prag über Dresden, Brüssel, Amsterdam und Italien nach London, wo er seit 1793 für einige Zeit als Dichter am King's Theatre tätig war. Schließlich wanderte er im März 1805 nach Amerika aus, ließ sich in New York als Spezereihändler und Lehrer für italienische Sprache nieder und eröffnete 1823 eine italienische Buchhandlung. In dieser Zeit begann er auch mit der Niederschrift seiner Memoiren, die sich spannend wie ein Roman lesen und deren letzter Band 1830 erschien: »Ich kann mich nie ohne einen gewissen Stolz und Wohlgefallen daran erinnern, daß Europa und die ganze Welt größtenteils meiner Ausdauer und unerschütterlichen Beharrlichkeit die wundervolle Ausbeute der auserlesenen Vokalkompositionen dieses bewunderungswürdigen genialen Tonsetzers zu verdanken hat.«

Da Ponte starb, völlig verarmt, am 17. August 1838 in New York.

Così fan tutte ...

... ossia La scuola degli amanti, Opera buffa in zwei Akten: Die letzte der drei Opern auf Libretti von Lorenzo Da Ponte, komponiert zwischen Herbst 1789 und Januar 1790, uraufgeführt am 26. Januar 1790 in Wien.

Nachdem *Le nozze di Figaro* und *Don Giovanni* Bearbeitungen fremder Stoffe gewesen waren, schuf Da Ponte mit seiner »Schule der Liebenden« einen Originaltext, dessen »Unmoral« schon früh die Gemüter erhitzte. Die immer wieder kolportierte Behauptung, eine tatsächliche Begebenheit in Wiener Offizierskreisen habe die Idee geliefert, und Kaiser Joseph II. höchstselbst habe angeordnet, »aus dieser Klatscherei ein *Drama giocoso da metersi in musica* zu machen«, ließ sich bislang nicht bestätigen.

Schon der Titel »So machen es alle« – und zwar alle *Frauen*: *tutte*, und nicht *tutti* – wurde als Affront empfunden: »ein elendes Ding, das alle Weiber herabsetzet, Zuschauerinnen unmöglich gefallen kann und daher kein Glück machen wird«, wie Friedrich Ludwig Schröder 1791 in sein Tagebuch schreibt. Die Offiziere Ferrando und Guglielmo sind fest überzeugt davon, daß ihnen ihre Liebsten Dorabella und Fiordiligi treu sind: »La mia Dorabella capace non è« (I/1). Der alte Don Alfonso hingegen rät zur Vorsicht: Die Treue der Frauen sei wie der legendäre Vogel Phönix, den auch noch nie jemand gesehen habe – »È la fede delle femmine« (I/2); er empfiehlt den jungen Kavalieren, die Treue ihrer Mädchen auf die Probe zu stellen. Zum Schein ziehen Ferrando und Guglielmo in den Krieg – heftig beweint von Dorabella und Fiordiligi: »Soave sia il vento« (I/10) –, kehren aber kurz darauf in exotischer Verkleidung zurück und machen der jeweils anderen Schönen den Hof; ihre Zofe Despina ist in die Komödie eingeweiht und trägt mit dazu bei, daß die Mädchen tatsächlich bald den Widerstand aufgeben und den Fremden ihre Gunst gewähren. Wütend lüften Ferrando und Guglielmo ihr Inkognito. Es kommt zwar zur Versöhnung und zum obligaton Lieto fine, doch am Ende liegt die Gefühlswelt der beiden Paare nach diesem bösen Spiel eben doch in Trümmern. Das vielleicht Erschreckendste daran ist, daß Mozart auch die falschen, geheuchelten Gefühle in einer Musik von fast überirdischer Schönheit und Glaubwürdigkeit zum Ausdruck bringt …

Die zeitgenössischen Urteile über *Così fan tutte* schwanken zwischen »ein elendes welsches Produkt« und »das albernste Zeug von der Welt« auf der einen, »bezaubernd«, »ergötzlich« und »unstreitig die vorzüglichste« der Opern Mozarts auf der anderen Seite. Und bis weit ins 20. Jahrhundert hinein hat man Mozart immer wieder vorgeworfen, sein Genie an diese »Verhöhnung der Liebe […] in einem so traurigen Machwerke« (Arthur Schurig) verschwendet zu haben. So blieb es dem modernen Regietheater vorbehalten, für dieses Stück die passenden Bilder zu finden.

Così fan tutte KV 588 (René Jacobs: Concerto Köln, Kölner Kammerchor, Véronique Gens, Bernarda Fink, Werner Güra, Marcel Boone, Pietro Spagnoli, Graciela Oddone – 3 CD Harmonia Mundi 951663.65)

Briefe

Vier Textbände, zwei Kommentarbände und einen Registerband umfaßt die Gesamtausgabe der *Briefe und Aufzeichnungen* Mozarts und seiner Familie, die die »Internationale Stiftung Mozarteum« zwischen 1962 und 1975 herausgegeben hat. Die 1477 Dokumente sind nicht allein eine der wichtigsten Primärquellen der Mozart-Forschung, sie sind auch eine der unterhaltsamsten und anregendsten Lektüren, die man sich denken kann. Trotz – oder manchmal auch gerade wegen – ihrer meist höchst abenteuerlichen Orthographie (die in den Zitaten dieses Buches strikt beibehalten wurde) vermitteln sie ein spontanes, lebendiges und detailreiches Bild des Komponisten, seiner Eltern, seiner Schwester und seiner Freunde.

Während Leopold fast immer sachlich bleibt (und dabei auf Episteln von manchmal über 300 Druckzeilen Länge kommt), schreibt Mozart buchstäblich so, »wie ihm der Schnabel gewachsen ist« – und wie er wohl oft auch komponiert hat: schnell und aus dem Augenblick heraus, manchmal drunter und drüber, aber stets klar, flüssig und voller Esprit. Der Zeilenlauf ist gerade, die Abstände zwischen den Zeilen sind klein, immer wieder wird der Text durch Klammern und (im wahrsten Sinne des Wortes) »Gedanken-Striche« strukturiert.

Was den Tonfall angeht, so gibt es deutliche Abstufungen: Zwischen den Briefen an den Vater und die Mutter (oder auch später an Michael Puchberg) und denen an das »Bäsle«, an die Schwester – zu-

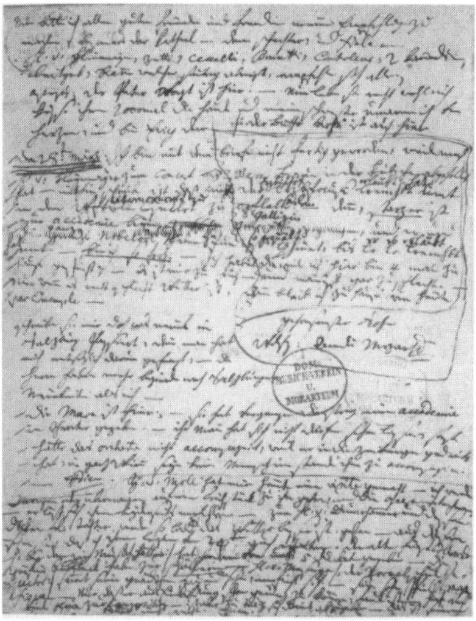

Brief Mozarts an seinen Vater vom 24. März 1781

mindest bis 1780 – oder an Konstanze liegen Welten; die einen schreibt »Ewig dero gehorsamster Sohn« oder »Ewig ihr verbundener Diener wahrer Freund und Br:«, die anderen unterzeichnet »allzeit der alte junge Sauschwanz Wolfgang Amadé Rosenkranz« oder »Ewig dein Mozart«; ein Brief an Nannerl vom 18. Dezember 1772 aus Mailand, in dem die Zeilen abwechselnd auf dem Kopf stehen, endet mit der Formel: »lebe wol, mein Lungel. Ich küsse dich, meine Leber, und bleibe wie allzeit mein Magen dein unwürdiger bruder frater Wolfgang«. Der gleiche alberne, wortspielerische Witz findet sich auch in vielen Briefen an sein »Liebstes bestes Weibchen«: »liebe mich ewig wie ich dich liebe, und sey Ewig meine stanzi Marini, wie ich ewig seyn werde dein *Stu!* – Knaller paller – schnip – schnap – schnur – *Schnepperl.* Snai! –«

Ave verum

Am 17. Juni 1791 besucht Mozart seine Frau, die sich zur Kur in Baden bei Wien aufhält, und trifft dort mit dem Schullehrer und »Regenschori« Anton Stoll zusammen. Schon mehrfach hat Stoll Kirchenwerke Mozarts aufgeführt; als er ihn nun um ein kleines Werk für den nahen Fronleichnamstag (26. Juni) bittet, willigt Mozart gleich ein und schreibt die Motette *Ave verum corpus* (KV 618) für vier Singstimmen, Streicher und Orgel – 46 Takte auf zwei zwölfzeiligen Notenblättern im Querformat mit vier beschriebenen Seiten. Wie lange wird er dafür gebraucht haben? Ein, zwei Stunden vielleicht – ein mikroskopisch kleines Stückchen Ewigkeit …

Das Wunder dieses kleinen Werkes, in dem nicht nur Georges de Saint-Foix »das Beispiel der höchsten und letzten Vollendung« Mozarts gesehen hat, läßt sich ebensowenig erklären wie all die anderen Wunder seiner Musik. Auch die Schlußworte einschlägiger Mozart-Biographien kapitulieren vor diesem Unerklärlichen und retten sich ins Pathos: »Es ist, als ob der Weltgeist habe zum Ausdruck bringen wollen, daß hier reiner Klang sei, geordnet zu einem schwerelosen Kosmos, Überwindung alles chaotischen Erdentums, Geist von seinem Geiste.« (Alfred Einstein) »Erhebendes Los der Nachwelt, ihn immer inniger zu erkennen, auf den Schwingen seiner Töne des göttlichen Odems allgegenwärtiger Schöpfergewalt immer teilhafter zu werden!« (Bernhard Paumgartner) »Ein unverdientes Geschenk an die Menschheit, in dem die Natur ein einmaliges, wahrscheinlich unwiederholbares – jedenfalls niemals wiederholtes – Kunstwerk hervorgebracht hat.« (Wolfgang Hildesheimer) »›Festliche Stille war umher, und tausend Thränen flossen in schmerzlicher Rückerinnerung an den Künstler, der so oft durch Harmonie alle Herzen zu den lebhaftesten Gefühlen gestimmet hat.‹« (Volkmar Braunbehrens, Zitat aus der *Wiener Zeitung* vom 24. Dezember 1791)

Jeder mag und muß »seinen« Mozart finden. Ich selbst – horribile dictu – fand Mozarts Musik lange Zeit langweilig, vorhersehbar und »kitschig«, bis ich nach einer Aufführung des *Requiems* (ich war damals 15 oder 16 Jahre alt), regelrecht in Schweiß gebadet, das Wunder erkannte, das sich mir bis dahin so gar nicht erschlossen hatte. Erklären kann ich es immer noch nicht, aber es gibt heute kaum eine Musik, die mich so tief bewegt, traurig erschüttert und freudig erhebt wie die Mozarts. Und ich wäre froh, wenn aus diesem Buch der eine oder andere Funken meiner Mozart-Liebe und -Begeisterung auf den Leser überspringt.

Im übrigen mag Mozart selbst den Schlußpunkt setzen, nämlich mit der Erkenntnis, »daß es eine sehr große kunst seye wohl und schön zu reden, aber vielleicht eine nicht minder große, zur rechten Zeit aufzuhören; – Ich will also dem Rathe [...] folgen, und nicht nur Meiner Moralischen aus-schweifung, sondern meinem ganzen brief« – und diesem Buch – »ein Ende machen. Ewig ihr aufrichtigster freund W: A: Mozart.«

Ave verum KV 618 (Peter Neumann: Collegium Cartusianum, Kölner Kammerchor – CD EMI 7 54306 2)

Literaturhinweise

1. Unverzichtbares

Wolfgang Amadeus Mozart, *Neue Ausgabe Sämtlicher Werke.* In Verbindung mit den Mozartstädten Augsburg, Salzburg und Wien herausgegeben von der Internationalen Stiftung Mozarteum Salzburg
Werkausgabe in 20 Bänden, Kassel (Bärenreiter) 1991

Mozart – Briefe und Aufzeichnungen. Gesamtausgabe, herausgegeben von der Internationalen Stiftung Mozarteum Salzburg
Erweiterte Ausgabe in 8 Bänden, Kassel (Bärenreiter) 2005

Mozart – Die Dokumente seines Lebens. Gesammelt und erläutert von Otto Erich Deutsch
Kassel (Bärenreiter) 1961

Ludwig Ritter von Köchel, *Chronologisch-thematisches Verzeichnis sämtlicher Tonwerke Wolfgang Amadé Mozarts.* 8. Auflage, bearbeitet von Franz Giegling, Alexander Weinmann und Gerd Sievers, Wiesbaden (Breitkopf & Härtel) 1983

2. Für Musikkenner

Théodore de Wyzewa / Georges de Saint-Foix, *Wolfgang Amadeus Mozart – Sa Vie musicale et Son Œuvre.* Ausgabe in 2 Bänden, Paris (Robert Laffont) 1986

Joachim Brügge / Gernot Gruber (Hg.), *Das Mozart-Lexikon.* Laaber (Laaber) 2005

Leopold, Silke (Hg.), *Mozart-Handbuch.* Kassel (Bärenreiter) 2005

Georg Knepler, *Wolfgang Amadé Mozart – Annäherungen.* Berlin (Henschel) 1991/2005

Ulrich Konrad, *Wolfgang Amadé Mozart.* Kassel (Bärenreiter) 2005

3. Für Musikliebhaber

Alfred Einstein, *Mozart. Sein Charakter – Sein Werk.* Ausgabe Frankfurt am Main (Fischer) 2005

Maynard Solomon, *Mozart. Ein Leben.* Kassel (Bärenreiter) 2005

4. Für die schnelle Information

Fritz Hennenberg, *Wolfgang Amadeus Mozart.* Reinbek (Rowohlt) 1992

5. Für alle

Volkmar Braunbehrens, *Mozart in Wien.* Neuausgabe München (Piper) 2006

Martin Geck, *Mozart. Eine Biographie.* Reinbek (Rowohlt) 2005

Personenregister